周文雍和陈铁军

中华先烈人物故事汇

主编 张树军
副主编 王相坤
编著 黄萍

学习出版社

目 录

Contents

引　子

周文雍（1905—1928），无产阶级革命家。乳名光宏，广东开平人。1922年考入广州省立甲种工业学校机械科，受进步思想影响，成为学生爱国运动的骨干。1923年加入社会主义青年团，后任团支部书记和校学生会主席，广州学生联合会委员兼文书部副主任，社会主义青年团广东区委委员兼广州地委委员，成为广东学界领袖。1925年加入中国共产党。曾任中共广东区委工委委员、中共广州市委组织部部长兼市委工委书记等职，是广州工人运动的领袖之一。上海五卅惨案发生后，参与组织发动广州沙面洋务工人参加省港大罢工。1926年夏担任共青团广州地委书记，组织青年工人、学生给北伐军以有力支持。

陈铁军（1904—1928），年长周文雍1岁，原名陈燮君，广东佛山人，出生于一个富裕的华侨商人家庭。后冲破封建家庭阻拦，前往广州，就读于坤维女子中学，接受进步思想影响。1924 年秋考入广东大学（后改为中山大学）文学院预科，成为学生运动活跃分子。1926 年加入中国共产党，积极从事妇女运动和工人运动。1927 年广州四一五反革命政变时，从校内化装脱险，随即又赶到医院，把因难产无法单独行走的邓颖超送上船去上海。时隔几十年后，邓颖超仍带着深深的怀念说，如果没有陈铁军的相救，自己后果不堪设想。

1927 年四一二反革命政变后，时任中共两广区委妇女委员的陈铁军受党组织的派遣，装扮成周文雍的妻子以掩护和协助他工作，参与准备广州起义。12 月 11 日，广州起义爆发，周文雍任广州苏维埃劳动委员和工人赤卫队总指挥，指挥工人武装英勇作战。起义失败后，周文雍、陈铁军暂避香港。20 余天后，1928 年 1 月，周文雍当选为中共广东省委常务委员兼广州市委常务委员，再次与陈铁军回到广州，仍假扮夫妻，重建党的秘密机关。在共同革命斗争过程中，两人产生了真挚的爱情，互相关心，体贴爱护。

1928年1月27日（农历正月初五），春节刚过，由于叛徒出卖，周文雍、陈铁军同时在寓所被敌人逮捕。在狱中，他们面对酷刑始终坚贞不屈，面对威胁利诱毫不动摇。

1928年2月6日（农历正月十五），在生命的最后时刻，周文雍和陈铁军在广州红花岗（今黄花岗）敌人戒备森严的刑场上，举行了悲壮的婚礼，然后从容就义，表现了革命者大无畏的英雄气概。

这对风华正茂的青年，为了追求真理，为了建立一个独立、自由、民主、平等、富强的新中国，在广州红花岗刑场，面对反动派的屠刀，面对与爱侣的生离死别，凛然不屈，视死如归，永恒地定格了中国革命史上最悲怆、最壮美的一幕。

青山作证。文韬武略、英俊潇洒的周文雍，完全可以选择一种在常人看来更为安逸的生活。先不说从小聪明过人的他从省立甲种工业学校毕业后，可以谋到一份在当时来说不错的差事。广州起义因敌我力量悬殊失败后，党组织安排身兼起义负责人和工人赤卫队总指挥的周文雍转移到香港，他完全可以利用掩护身份，在香港这个特殊环境里继续为党工作，而不必担心人头落地。可这个胸怀远大理想的热血青年，为了重建被敌人破坏的广州党组织，不顾个人安危，从香港返回白色恐怖中的广州，继续为党进行秘密斗争。

江河作证。美丽清纯、柔弱善良的陈铁军出生在一个殷实的侨商之家，先不说她的品貌和才干，仅凭祖先的家业，她完全可以过上一种衣食无愁、悠闲自在的大小姐生活。可她没有，而是选择了一条艰难的革命之路。为了鞭策自己坚强不屈，她将陈燮君的名字改为陈铁军。她与许多共产党员是生死之交，使一生重情重义的周恩来总理、邓颖超主席、徐向前元帅、聂荣臻元帅们直到晚年还一直感念不忘。

苍天作证。在凄惨阴森的铁窗里，周文雍、陈铁军拒绝反动派的威胁利诱，宁愿丧失自由，也决不放弃信仰，决不出卖灵魂。面对白色恐怖、血雨腥风，他们对革命事业充满必胜的信念，坚贞不屈、豪气如虹，给后人留下了许多斗争故事和精神遗产。在血腥残暴的刑场，面对死亡，他们毫不畏惧、相互依偎，空前绝后地举行了刑场上的婚礼。共产党人这种摄人魂魄的忠诚、坚定和浪漫，顶天立地、万古流芳。

90年后，当我们来到两位英雄的纪念碑前追思先烈，看到的是镌刻在石碑上的“头可断，肢可折，革命精神不可灭。壮士头颅为党落，好汉身躯为群裂”“一个革命者应该学习古今中外伟大人物的高贵品质和英雄气概”的战斗诗文。读着他们生前留下的这些荡气回肠的激扬文字，感悟文字中表现出来的中国共产党人的精神、意志和情怀，依然使人为之震撼、为之振奋，激励我们不忘初心、牢记使命、永远奋斗。

万岁千秋，不销英魂；九华天表，永历义魄。他们是革命英雄，同时也是普普通通的中华儿女，在他们身上有许多感人的、热血的、励志的故事。就让我们循着历史的轨迹，阅读、感悟这些故事吧。

01 生逢其时，民主革命现曙光

1904年3月21日（另有一说是1904年4月8日），陈铁军诞生于广东佛山，原名陈燮君，在兄妹中排行第四。陈铁军的祖籍是广东省台山县黎洞汇洞里村。祖父陈贤超是个勤劳俭朴的贫苦农民，后因生活贫困，再加上不堪时常发生的封建械斗，携全家迁到佛山落籍。到佛山后，以经营豆腐为生，生活依然贫困。父亲陈帮楠因生活所迫，少年时只身漂洋过海，到澳大利亚墨尔本做工、当店员和会计等，1904年也就是陈铁军出生的这一年回到家乡佛山。父亲把打拼10年积攒下来的钱，在佛山购置店铺3间、大屋5间和桑基、鱼塘12亩，并与人在香港合股经营百货店，遂成为佛山商界一位知名的归侨富商。陈铁军出生在这样的家庭，从小过着富家闺秀的优裕生活。她跟母亲学会了做针线活，懂得刺绣手工。虽然不愁吃穿不愁用，但在封建礼教管束下，陈铁军并不满意，她很想像哥哥一样上学读书，做一个有文化的人。

1905 年 8 月，周文雍诞生于广东省开平县茅冈下洞凤凰里（又名宝顶村）一个贫穷塾师家庭。出生时，家里人给他取了一个乳名，叫光宏，对他的前程寄予厚望。周家祖辈居住于此，虽家境清贫却也清淡温馨。周文雍的父亲名叫周倖成，读过几年书，在茅冈一个村上的私塾执教。母亲关氏，生育有 2 男 3 女，一家 7 口人靠周倖成的微薄收入维持生活。关氏在日夜操持家务的同时，替别人家纺纱缝衣，获取微薄收入以补贴家用。周文雍从小就跟着父亲到私塾去识字、读书，也最爱听父亲讲《三国演义》和文天祥的故事，常为生动悲壮的故事情节所感动，立志要做一个有骨气的人。

然而，年龄相差一岁的陈铁军和周文雍生不逢时。此时的中国已经不再只是属于中国，大清王朝的朝廷也不再只是属于中国了。

1840年鸦片战争的失败和《中英南京条约》等一系列不平等条约的签订，使中国社会发生了根本性的变化。原来政治上独立自主的中国，这时领土主权遭到破坏；外国资本主义的侵入，使中国自给自足的自然经济解体，逐渐成为世界资本主义的商品市场和原料供应地。中国逐渐成为一个半殖民地半封建社会。进入20世纪后，以当时的大英帝国、美利坚合众国、法兰西第三共和国、德意志帝国、俄罗斯帝国、日本帝国、意大利王国、奥匈帝国为首的8个主要国家组成的联军，于1900年5月发动对中国的武装侵略战争，即八国联军侵华战争。12月，列强各国（除出兵8国外，又加上3个国家——比利时王国、荷兰王国、西班牙帝国）向清政府提出《议和大纲》，后又订立详细条款，于1901年9月7日在北京正式签字。《辛丑条约》签订后，中国完全成为半殖民地半封建社会，清朝政府完全成为西方列强统治中国的工具，变成了“洋人的朝廷”。

在经历庚子之变和《辛丑条约》的签订之后，中国的国际地位和国家实力已经步入清军入关以来的最低谷，虽然列强间对峙的局面在一定程度上使国家免于被即刻瓜分，但中国已由昔日的“天朝上国”彻底沦为任人欺侮任人宰割的半殖民地，摆在清廷面前的烦恼缕缕不绝。从政治上看，对外，长江流域、东北三省、山东、两广、云贵、福建均已成为列强划定的势力范围，国家多项主权丧失，华洋纠纷不断；对内，虽然廷臣疆吏大都能够忠心耿耿，新政各项措施也在竭力推行，可是民间非议不但没有稍缓，反有愈演愈烈之势，革命党人也在随时威胁着清廷的统治。从经济上看，由于每年都要赔偿列强巨额钱款（而款项来源于当时中国两个极其重要的税种——海关税和盐税），还要举办新政如练兵、官派留学等，花费甚多，再加上还要处理广西、江西、山西等地爆发的民变，财政实在是捉襟见肘。从军事上看，不仅日俄在中国东北酣战，俄国还一直在北方觊觎蒙古、在西北骚扰新疆，英国也企图从中国西南入手，将西藏纳入控制之下。从外交上看，列强把义和团的反抗行动视为“野蛮”行径让世界认为中国不是文明国家，而列强的残暴表现在一些中国人心目中形成了一种外国人不可战胜和高人一等的印象，严重损害了中国人的自信心和自尊心。

这样看来，年龄相仿的陈铁军和周文雍确实生不逢时，他们就是降生在这样一个内忧外患、国破家亡的时代。然而，在中国人民进行的一系列不屈不挠的反抗斗争遭受失败之后，一场新的革命风暴正在酝酿，预示着一个新的时代即将到来。从这个意义上说，陈铁军和周文雍又是生逢其时的。他们的年龄虽然还小，但他们的命运注定要同这场新的革命风暴紧密联系在一起。

在内忧外患日益紧迫的形势下，以孙中山为首的革命党迅速发展起来。孙中山说："八国联军之破北京，清帝后之出走，议和之赔款九万万两而后，则清廷之威信已扫地无余。而人民之生计从此日蹙，国势危急，岌岌不可终日。有志之士，多起救国之思，而革命风潮自此萌芽矣。"1905 年 8 月 20 日，中国同盟会成立，孙中山被推举为总理。在中国同盟会成立大会上，讨论并通过了由孙中山主持，黄兴、陈天华等 8 人起草的《中国同盟会总章程》，其中规定："本会以驱除鞑虏，恢复中华，创立民国，平均地权为宗旨。”

至此，“驱除鞑虏，恢复中华，创立民国，平均地权”这 16 字的誓词，以总章程条文的形式确立为资产阶级革命党人的政治纲领。这预示着，中国民主革命曙光从此闪现，革命风暴即将席卷中华大地。

佛山距离开平不远，按现在的高速公路计算不到 100 公里。虽然并不遥远，但那时佛山陈家和开平周家毫无瓜葛，各自过着各自的日子。正是即将到来的革命风暴，改变了两个家庭，改变了陈铁军和周文雍。十几年后，两个年轻人走到一起，谱写了一曲觉醒和奋斗、爱情和生命的慷慨悲歌。

02 追求真理，不约而同到广州

1911年，中国爆发了辛亥革命。1911年夏天，四川、湖南、湖北、广东等省爆发保路运动，尤以四川省为烈。9月25日，四川荣县宣布独立，成为中国第一个脱离清王朝的政权，把保路运动推向高潮。10月10日晚，新军工程第八营的革命党人打响了武昌起义的第一枪。汉阳、汉口的革命党人分别于10月11日夜和10月12日攻占汉阳、汉口。武昌起义胜利后短短两个月内，湖南、广东等15个省纷纷脱离清政府宣布独立。孙中山在美国得知消息后，于12月下旬回国，以每省1票的方式，16票赞成1票反对的结果被选举为中华民国临时大总统。1912年（民国元年）

1月1日，孙中山在南京宣布就职，组成中华民国临时政府。1912年2月12日，清朝发布退位诏书。至此，中国2000多年的帝制历史宣告终结。

辛亥革命是近代中国比较完全意义上的民族民主革命，它在政治上思想上给中国人民带来了不可低估的解放作用。辛亥革命不但从行动上坚决打倒皇帝，推翻统治中国的君主专制制度，建立起共和政体，并从舆论上对君权神授观念和皇权思想进行鞭挞和批判，极大地促进了人民的思想解放，传播了民主共和理念，共和国的观念从此深入人心，以强大的震撼力和影响力推动了中国社会变革。

但是，辛亥革命也有它失败的地方。辛亥革命只是把一个皇帝赶跑，革命后的中国仍旧在帝国主义和封建主义的压迫之下，在随之而来的帝国主义的间接统治和封建军阀的专制统治之下，中国在半殖民地半封建社会的深渊中愈陷愈深，中华民族的苦难愈来愈深重，中国人民的生活愈来愈悲惨。这一切表明，中国人民反帝反封建的革命任务并没有完成。

这种状况，这些道理，对于年幼的陈铁军来说，并不知晓也不明白。然而，革命给社会和人们思想带来的深刻变化，还是在陈铁军成长过程中产生了不小的影响。

辛亥革命前后，社会上涌现一批颇有影响的新知识女性。她们关心国事，创办报刊，组建团体，振兴女学，开办实业，投身反清革命，争取男女平权，使女界呈现一派活跃气象。因此，妇女的觉醒和走上社会，成为当时中国最亮丽的风景之一。辛亥革命时期，在男女平等、妇女解放的呼声中，在先进妇女惊世骇俗的言行中，封建礼教的根基有相当大的触动，社会习俗、社会风气、道德观念因之发生很大变化。

陈铁军小时候，不愁吃不愁穿不愁用，生活温馨舒适。8 岁那年，她跟随母亲去石湾，买回一只风铃，挂在自己家的横厅里。从此，风铃成为陈铁军的陪伴，她喜欢看风铃的飘动，听风铃清脆悦耳的声音，好似那铃声就是她纯净的心声。随着年龄增长，由于父母被浓厚的封建思想束缚，再加上当时佛山没有女校，因此她不能像男孩子那样上学读书。她只好每天在母亲身边学习针线刺绣，十三四岁时已经练就一手飞针走线的好手艺，不仅能把自己穿的衣服缝制得合身适体，而且能绣出各式活灵活现的花卉鸟兽，因而很受父母的钟爱。但她自己从懂事开始，就不满这种幽居深闺、孤闻寡识的生活。

辛亥革命后不久，北洋军阀窃取了中华民国的最高权力，国家一天比一天糟糕，深重的失望代替了原先的希望。要救国必须寻找新的出路。中国的先进分子从苦闷和彷徨中走出来，以 1915 年 9 月陈独秀在上海创办《青年》(后改为《新青年》)杂志为标志，掀起了一场空前的新文化运动的狂飙。新文化运动的思想家们提倡民主、反对独裁专制，提倡科学、反对迷信盲从，提倡新道德、反对旧道德，提倡新文学、反对旧文学，向封建礼教提出全面挑战，在社会上掀起一股生气勃勃的革命的思想解放潮流。

这股潮流也奔涌到了佛山。在新文化运动影响下，佛山办起一些女子私塾，有些人家破除陈规，摆脱不许女孩子上学的束缚，陆续送孩子入塾读书。14 岁的陈铁军和七妹陈燮元（后改名陈铁儿）便向父亲请求送她们上学，像大哥、三哥一样读书。由于姐妹俩强烈要求，再加上父亲觉得女儿勤奋好学，而自己侨居国外时经历过没有文化受外国人歧视欺侮的苦楚，很想有一个出众的“才女”，以扬名显亲，便答应了姐妹俩的请求。1918 年春，陈铁军和陈铁儿被送入佛山有名的女书馆——坤贤私塾读书。从闺房来到书馆，与一群女生同堂共学，陈铁军十分高兴。在学校，陈铁军十分注意观察外界的情况，开始觉察到自己虽然生活在一个富裕的“小家”，但周围这个“大家”中还生活着一些贫穷的人。她想在学习中寻找答案，但塾师所教的却是“幼而学，壮而行，扬名声，显父母，光于前，垂于后”和《女四书》那一套，这使她大失所望。不仅如此，就在陈铁军入私塾读书的第二年，父母还把她许配给佛山盲公饼铺“何合记”老板的孙子作媳妇，这种包办婚姻的做法引起陈铁军的强烈不满。

正在此时，五四运动爆发了。

1918 年，第一次世界大战结束，德国战败。

1919年1月18日，战胜国在巴黎召开“和平会议”，即巴黎和会。中国政府因战时参加后来的战胜方协约国一方，也以战胜国身份派代表参加和会。中国代表在会上提出废除外国在中国的势力范围、撤退外国在中国的军队等7项希望和取消1915年中日协约（以日本提出的“二十一条”为基础）及换文的陈述书。巴黎和会在帝国主义列强操纵下，不但拒绝中国的两项提案，而且明文规定德国应将在中国山东获得的一切特权转交给日本。北洋政府屈服于帝国主义列强的压力，竟然准备在这样的和约上签字。消息传到国内，激起各阶层人民的强烈愤慨。以1919年5月4日北京十几所学校3000多名学生的集会和示威游行为起点，一场以学生为先导的五四爱国运动如火山爆发般地开始了。

很快，五四运动突破青年学生和知识分子的狭小范围，发展成为有工人阶级、小资产阶级和民族资产阶级参加的全国规模的群众运动。中国工人阶级开始以独立的政治力量登上政治舞台。迫于人民群众的压力，北洋政府不得不于6月10日释放被捕学生，并宣布罢免亲日派官僚曹汝霖、章宗祥、陆宗舆。6月28日，中国代表没有出席巴黎和约的签字仪式。

五四运动是近代中国革命史上具有划时代意义的事件。它带着辛亥革命不曾有的姿态，这就是彻底地不妥协地反对帝国主义和反对封建主义。五四运动启发了广大人民群众的觉悟，准备了革命力量的团结，促进了马克思主义在中国的传播。五四运动标志着中国革命进入一个新的阶段，成为新民主主义革命的伟大开端。

五四运动中，反帝反封建的浪潮席卷全国。广州学生组成的演讲队、宣传队纷纷来到佛山，怒斥北洋军阀政府的腐败无能，宣传救国救民的道理，革命潮流冲击着佛山这个古镇。广州女子师范学校的佛山籍女学生郭鉴冰带领的一支演讲队到佛山宣传，在街头大讲反对帝国主义，在坤贤私塾宣传男女平等、妇女解放等。这些闻所未闻的道理，像春雷一般唤醒了陈铁军幼稚而热烈的心。陈铁军听后，像在绝望中找到了生路，心情无比振奋。她拉着妹妹陈铁儿上街听演讲、看演出，听着看着，

廣東
佛山
演講隊

自己也接过传单在祖庙附近散发，并走进游行队伍中跟着呼口号。从此，陈铁军的脑海中翻滚起新的波澜，开始新的觉醒，幼小的心灵萌发了追求解放和光明的想法。

一年之后，佛山出现了一所新式的女子学校，名叫季华两等女子小学。这是郭鉴冰从广州女子师范学校毕业后，回到佛山创办的一所新型学校。招生简章贴出后，舆论哗然。那些思想守旧的人看了摇头，认为是标新立异。陈铁军听到这一消息，对妹妹说："耳闻不如眼见，我们亲自看看去。"于是，她带着陈铁儿，又邀约坤贤私塾几个同学，走进季华小学一看，校长和老师都是去年来佛山坤贤私塾的女演讲者。她高兴地说："这才是我们所要进的学校。"回家后，她坚决要求转入季华小学上学。父亲被她纠缠得没有办法，就答应了转学要求。

不久，陈铁军便成为季华小学高小部的第一批学生。陈铁儿和她大嫂的妹妹、同窗好友李淑媛也转入季华小学。在季华小学，有两件事曾引起思想守旧人们的反对。一是穿白衣黑裙的校服，被认为是标新立异，有失闺秀的“体统”；二是上体育课，被认为是女子操兵，蹦蹦跳跳，有失“美德”。有的家长还担心把女儿的皮肤晒黑了，将来不好出嫁。校方在这些舆论压力下，感到有些为难。陈铁军则用实际行动支持学校。她和妹妹带头穿校服，带头上体育课。后来，人们看到这群女学生朝气蓬勃，知书达理，渐渐改变了看法，还称赞她们“像男孩子一样”“比男孩子还强”。

陈铁军学习努力，成绩优异，尤其作文这门课，经常得到老师的表扬。陈铁军依旧喜欢风铃，她写了一首赞颂风铃的短诗表达此时的心情，当老师让她在全班同学面前朗读后，赢得了热烈的掌声。在季华小学读书期间，陈铁军还是一个“古仔迷”，尤其对嫦娥、孟姜女、王昭君、花木兰等历史上具有传奇色彩的女中豪杰颇感兴趣。有一天，校长在课堂上给同学们讲了木兰从军的故事，陈铁军听了，一连几天都在想花木兰，都在想长大后应当做怎样的女性，并写成了一篇文章，校长看后大加称赞：“佳作佳作！笔锋鲜明泼辣！是当今少年之佳作也！”陈铁军的手工课也经常得到老师的夸奖，尤其是跟母亲学的刺绣手艺，更是得到老师和同学们的一致赞扬。

陈铁军对新知识、新文化、新思想产生了浓厚兴趣。她经常借阅郭鉴冰订的《新潮》等杂志，从中汲取思想营养。她的许多篇作文，都谈到时政问题，谈到现时的不公，有的作文还用自己的亲身体会论述争取妇女解放的重要性。在朝夕相处中，陈铁军和郭鉴冰建立了深厚的情谊，后来在革命道路上一直互相激励，成为终生挚友。

陈铁军将要小学毕业的这一年，一件不能接受的大事突然袭来，让她感到简直是“大祸临头”。此前，陈铁军的父母都已病故。父母生前包办的把她嫁给“何合记”老板孙子一事突然提了出来。原来是这家的老板身患重病，要赶快迎娶孙媳妇“过门冲喜”。陈铁军本来就对这桩包办婚姻不满，现在又要被逼出嫁，眼看自己继续上学的理想将要化为泡影，遂向哥哥提出不嫁的要求。遭拒绝后，陈铁军找郭鉴冰商量后，提出要满足两个条件才嫁。这两个条件是：第一，父母重孝在身，只能拜堂，不能同房；第二，拜堂后要回家继续读书，直至读中学、大学。何家无奈，只好同意这两个条件。陈铁军同何家孙子拜堂后，返回家里，继续在季华小学读书。此后，只在逢年过节才去何家，给公婆行礼后便返回娘家。

不久，陈铁军从季华小学毕业。何家再三催促她回何家当少奶奶，享受荣华富贵生活。哥哥也申明按照习俗，不再供给她继续升学的费用。然而，陈铁军并不屈从，毅然决定冲破封建礼教的羁绊，设法变卖自己的首饰和衣物，冲出封建家庭，离开佛山到广州继续求学，依靠自己的努力，寻找一条自由和光明的路。郭鉴冰后来曾回忆说："她决心克服困难，到广州升学，走自己的路，要做一个自食其力的妇女。"

1922 年春，陈铁军几经周折，来到广州，考入坤维女子中学初中部。

其实，就在陈铁军到广州之前，那个当时不相识后来相识的周文雍已经来到了广州。

辛亥革命后，中华民国临时政府成立教育部，立即着手对封建教育制度进行改革，规定初等小学可以男女同校、小学读经科一律废止等。此后，各地到处兴办新学。在这样的背景下，在茅岗南面的横石乡也办起一所新式小学。周文雍的父亲为了孩子的未来着想，便把周文雍送到横石乡小学读书。

周文雍生性老实本分，虽上学路途较远，还有潭江相隔，但他从不迟到早退，从不耽误课程。他酷爱读书，聪明好学，学习成绩优异，每次考试总是名列前茅。仅用两年时间，他就读完了初小 4 年的课程，顺利升入高小。

周家的生活越来越困难。周文雍小小年纪但很懂事，总是力所能及地帮妈妈做一些家务活。父亲生病后，家里已无力再供周文雍上学，只好被迫停学。为了弥补家庭收入的不足，周文雍到茅岗墟一家杂货店当了一名“伙头仔”。白天，周文雍在店里辛勤劳作，晚上，回到家里勤奋自学。

五四运动的消息传到岭南，周文雍开始接受新思潮的影响，向学校提出复学的请求。学校校长同意了他的要求，并决定免收他的学费，让他帮学校伙房做一些杂务，以便解决他的吃饭和住宿问题。他虽然停学大半年，但在高小毕业考试中仍然获得全校第一名。

这时，父亲周倖成受聘到宝兴村去教村学。已经高小毕业的周文雍，跟着父亲到宝兴村当先生、教村学。在这里，周文雍除了搞好课堂教学外，还带领学生开展文体活动和其他课外活动，培养学生的多种兴趣。他带头并动员男学生剪掉辫子，使整个村学面貌焕然一新。这时，周文雍更加关心时事，他的一点零用钱，全都用在订报纸、买新书上，还经常同学生一起学习时事新闻，同唱反帝爱国歌曲。

不久后，周文雍得到亲友们的资助，离开家乡到广州谋求出路。经过一段时间的刻苦自学，他于 1922 年秋，以中学同等学力的资格，考入被誉为“红色甲工”的广东省立甲种工业学校机械科学习。

就这样，周文雍和陈铁军虽然还不相识，但他们带着当时许多年轻人同样的迷惘和追求，在 1922 年这一年进入广州的学校学习，揭开了人生新的一页。

03 投身革命，积极进步跟党走

周文雍和陈铁军来到广州后，感到一切都是那么新鲜，急切地想了解一切。尤其是他们经常听人们谈起共产党，更引起他们的好奇心，急切地想弄清个究竟。

其实，周文雍和陈铁军这时还不知道，那个叫中国共产党的组织在上一年的夏天已经秘密成立了。五四运动后，马克思主义在中国得到广泛传播，陈独秀、李大钊等一批先进知识分子接受马克思主义，并促进马克思主义同中国工人运动相结合，这样，在中国建立一个工人阶级政党的条件就成熟了。1921 年 7 月 23 日至 8 月初，中国共产党第一次全国代表大会在上海和浙江嘉兴召开，宣告了中国共产党的诞生。从此，在古老的中国大地上出现了完全新式的、以马克思主义为行动指南的、统一的和唯一的中国工人阶级的政党。中国共产党的成立，是中华民族发展史上开天辟地的大事变，给灾难深重的中国人民带来了光明和希望。它成立时虽然还很弱小，但它以实现中华民族伟大复兴为己任，迅速投入革命斗争中。自从有了中国共产党，中国革命的面貌就焕然一新了。

一年后，中国共产党于 1922 年 7 月 16 日至 23 日在上海召开第二次全国代表大会。大会深刻分析中国政治经济状况，揭示中国社会半殖民地半封建的性质，指出党的最高纲领是实现社会主义、共产主义，但在现阶段的纲领即最低纲领是：打倒军阀；推翻国际帝国主义的压迫；统一中国为真正的民主共和国。中共二大在全国人民面前破天荒地提出了明确的反帝反封建的民主革命纲领。这个纲领很快传播开来，“打倒列强，除军阀”成为广大群众的共同呼声。

中国共产党成立后，集中力量从事工人运动，掀起第一次工人运动高潮。1923 年 2 月京汉铁路工人大罢工的失败表明，中国革命的敌人是异常强大的，为了战胜强大的敌人，仅靠工人阶级孤军奋战是不够的，必须争取一切可能的同盟者。于是，中国共产党决定采取积极步骤去联合孙中山领导的中国国民党。此时的孙中山在经历多次挫折后，深感他领导的革命必须改弦易辙，真诚地欢迎共产党员同他合作。在这种情况下，中国共产党于1923年6月12日至20日在广州召开第三次全国代表大会。大会正确估计孙中山和国民党的革命立场，决定共产党员以个人身份加入国民党，实现国共合作。中共三大以后，国共合作步伐加快，国民党改组很快进入实施阶段。1924年1月20日至30日，国民党第一次全国代表大会由孙中山在广州主持召开。大会对孙中山的民族、民权、民生三民主义作出新的解释，事实上确立了联俄、联共、扶助农工的三大革命政策。国民党一大的成功召开，标志着第一次国共合作正式形成。国共合作实现后，以广州为中心，汇集全国革命力量，很快开创出反帝反封建的革命新局面。但是，在革命洪流滚滚向前的同时，国民党内部的左右派进一步分化，国共关系也逐步复杂化。

对于周文雍和陈铁军来说，这些情况是不清楚的。但他们来到广州后，确确实实感受到了迎面而来的革命洪流。

当时的广州，既是革命力量的集中地，又是各种社会矛盾的集中点，各种思潮激荡、斗争激烈。陈铁军考入坤维女子中学后，很快也陷入思想激荡之中。她所在的学校可以说是一所“贵族学校”，多数学生是富裕人家的千金小姐。学校中封建思想十分浓厚，校长提倡“三从四德”，禁止学生参加校外的社会活动。这对已经接受新思想的陈铁军来说，是深感苦恼和不能接受的。尽管有苦恼和不快，但来到坤维女子中学，还是感到一丝清风沁人肺腑。陈铁军又想起了家中横厅的风铃，仿佛那铃声就在耳边。有一天，她写了一篇文章《风铃的遐想》，抒发了对知识的渴望，表达了要敲开科学大门的决心。文章得到谭天度老师的赞赏，让她把文章贴在学校的墙报上，吸引了成群结队的同学前来欣赏。

陈铁军对学校坚守封建礼教越来越不满，她

坤維女子中學

十分关注妇女的自由、平等、独立问题，觉得这些问题同自己的前途命运密切相关，于是便广泛阅读有关妇女问题的书刊，思想上时时出现重重波澜。她时而赞赏法国大革命时期著名政治家罗兰夫人说的“自由自由，天下古今几多之罪恶，假汝之名以行”的格言，时而认为无政府主义者提出的“个人极端自由”很痛快，在读了康有为《大同书》论述妇女种种“不得自由”所造成的“妇女之苦”后深有感触，在看了一些马克思主义关于“妇女解放”的论述后又认为甚有道理。

正当陈铁军对各种主义、理论、学说和主张不能辨别真谬，对各种论争不能鉴别是非而陷入苦闷彷徨的时候，中共党员、国文老师谭天度给她指明了方向。陈铁军爱好国文，自然喜欢接近谭天度老师。谭天度在讲课时经常讲一些新知识、新道理，有时插入一些时事新闻，还常常讲到妇女解放问题，尤能引起陈铁军的兴趣。在一次课前，陈铁军给谭天度老师递了一张条子，上面写着：“先生：请述妇女独立、自由、男女平等之真谛，如何实现大同，妇女解放？”谭天度平时就觉得陈铁军是一个勤奋好学、思想活跃、追求真理的青年，现在又能把世界“大同”与妇女“解放”联系在一起，就更加注意这位不一般的青年女学生。课后，谭天度回答陈铁军说：从《礼运篇》的大同思想，到陶渊明的“桃花源”，以至康有为的“大同书”，都贯穿着“乌托邦”的幻想。他还说：妇女解放是人类解放的一部分，没有共产党的领导，没有马克思列宁主义的指导，革命就不能成功，妇女也就不能得到独立和解放。陈铁军听了很受启发。此后，课前课后，她总是向老师提出这样那样的问题，还与同班的区梦觉、冯妙贞等几个志趣相投的同学一起，到谭天度宿舍请教学问，讨论时事政治，探讨救国救民真理，有时还随老师与同学去荔枝湾散步谈心。谭天度对于陈铁军等提出的问题，都深入浅出地给以解答，并鼓励她们发表意见。校长察觉这群师生的进步活动后放风说：谭天度不是造福于青年的。一天，谭天度对陈铁军说：“我是老师，有责任帮助你们上进，但你们和老师一起谈话散步，人们会议论的，如果学校刁难怎么办？我不怕被解聘，但你们是学生，被开除就麻烦了。”陈铁军听后，对学校当局十分不满，她说：“我不怕，如果校长这样做，就揭露她，假使无理开除我，我也不怕，也要斗争。”这件事，充分表现了陈铁军渴求真理、不畏强暴的性格。

经过一段时间的学习，陈铁军的思想发生了很大变化，她决心行动起来。假期返回家乡时，她做了几件有意义的事情。第一件事情是在1923年春，她把妹妹陈铁儿带到广州读书，考入坤维女子中学，并引导她逐步走向进步。第二件事情，她知道给她陪嫁的婢女阿美同一个工人相爱，不仅支持阿美，还送给阿美衣物，而且打破“婢女出嫁，男方给回身价银”的封建陈规，无条件让阿美“自由结合”，成全这一对青年夫妻，在佛山曾一时传为美谈。第三件事情，她通过同情自己遭遇的三嫂转告何家，解除婚约，断绝关系，挣脱了前进的羁绊。

坤维女子中学的学习生活，让陈铁军感到换了一片新天地，她如饥似渴地学习一切新鲜的东西。1923年春，区梦觉、陈铁军、周蕴卿等同学组织时事研究社，经常阅读《新青年》《前锋》等理论刊物和《共产主义ABC》等小册子，逐步从进步书刊中接受马克思主义。谭天度指导陈铁军等几个进步青年学生组织“读书会”，介绍一些宣传共产主义的书籍和当时中国共产党出版的《向导》《政治周报》等刊物，并给她们讲解中国社会现状，讲解共产党是什么样的政党等。陈铁军等常在一起交流学习进步书刊的体会，议论列宁和孙中山，讨论“中国适宜走欧美式的革命道路，还是走俄国式的十月革命道路”等问题。随着一天天学习进步，陈铁军对中国共产党产生了敬仰和向往。一天，她问谭天度：“你是不是共产党？我能不能参加共产党？”谭天度说他是共产党员，并说：“你参加党是可以的，不过要努力学习，提高对共产党的认识，做一些对人民有益的工作，在实践中锻炼提高。”此后，谭天度经常鼓励陈铁军多学习，勤思考，努力创造入党条件。

1924年秋，陈铁军在坤维女子中学初中毕业后，考入广东大学文学院预科班。进入另一片新天地，陈铁军精神振奋，决心要当一名对祖国有用的女科学家。她刻苦学习，成绩优异，同学们都很敬佩她。她依然钟情风铃，借风铃表达科学救国的抱负。一天晚上，她演唱了一首自己编写的歌曲《啊！风铃……》，表达了为振兴中华而奋发求学的心境，歌声落下，掌声、喝彩声经久不息。

很快陈铁军发现，她的科学救国梦在当时很难实现。这时，国共两党已经实现第一次合作，正在大力推动国民革命。但是，共产党、国民党左派同国民党右派势力的斗争一刻也没有停止过。此时的广东大学，党派影响的组织之间、新旧思想之间的斗争十分激烈，老师和学生中持不同观点的人时常发生激烈的辩论和斗争。身处其中，陈铁军已经不能安静地读书了。面对学校内纷繁复杂的政治斗争，陈铁军主动请教谭天度、区梦觉等人，听他们分析各种派别的动态和性质，并同他们一起参加辩论会。陈铁军在现实斗争中逐渐明辨了是非，坚决站在左派一边。她说："共产主义好，能够解放全人类，妇女也能彻底解放。"不久，她参加了共青团的外围组织新学生社和进步妇女团体广东妇女解放协会，并成为各种活动的积极分子。

虽然不在同一个学校了，但谭天度一直关心

陈铁军的进步成长。1925年春，谭天度介绍陈铁军认识蔡畅、邓颖超，由中共广东区委妇委对她进行考察培养。在党的教育下，陈铁军的思想觉悟提高很快，与同学们一起积极开展反帝反封建的斗争。

1925年上海五卅惨案发生后，中共中央召开紧急会议，号召全市罢工、罢市、罢课，反抗帝国主义残酷的大屠杀。在中国共产党领导下，广州和香港的工人群众举行了省港大罢工。

广东大学校方为了限制学生参加罢课斗争，决定提前考试放假，限令学生离校回家。陈铁军认为学校的决定是错误的，拒不执行。她同进步同学一起，支援工人的罢工斗争。6月23日，当周恩来、陈延年等率领群众在广州举行大规模示威游行时，陈铁军带着陈铁儿，与区梦觉、杜君慧等同学一起，手里挥舞着小红旗，振臂高呼“打倒帝国主义”“为五卅牺牲的烈士报仇”等口号，毫不犹豫加入到示威游行队伍中。当游行队伍经过沙基时，租界的英、法军警突然开枪扫射，制造了沙基惨案。在这场斗争中，陈铁军感受到人民群众团结起来的力量，也目睹了帝国主义侵略者的狰狞面目。烈士的鲜血更加激发起陈铁军的斗志，从此以后，她更加积极地投身各种革命活动。在广东大学举行的辩论会上，她热情地主张中国革命要走俄国式的道路。

陈铁军继续关注妇女解放问题。当有人散布“现在不要提妇女解放了”“妇女参加了政权，就可以男女平等”的论调时，陈铁军驳斥说：“现在是帝国主义和军阀统治，参政就是参加帝国主义和军阀的‘政’，根本不能达到男女平等。只有打倒帝国主义和封建军阀，推翻旧社会，建立社会主义，妇女才能彻底解放。”这些主张，鲜明地表达了陈铁军反帝反封建的坚定立场。

1925 年暑假，陈铁军正式考入广东大学（次年改名为中山大学）文学院。这年 10 月，广东大学在选举全国国民外交后援会代表和出席全国学联会广州学联的代表时，右派学生趁机在会场上捣乱，破坏选举。陈铁军见此非常气愤，立即与几个进步女同学同右派学生进行争辩，并把他们赶出会场。冲突中，陈铁军的脸被打伤，眼眶上出现瘀血斑块。事后，“士的党”（“士的”是英文stick的音译即手杖，俗称“文明棍”。由于当时右派学生喜欢拿“文明棍”，装出一副洋绅士的派头，故被称为“士的党”）的一个小头目在《醒狮》小报上发表文章，叫嚣要“高举‘士的’从广东大学打遍广州，打遍中国，把共产党打垮”。陈铁军这时虽然还不是共产党员，但她已铁下心肠跟共产党走。在养伤期间，她坚定地表示，你们不是要“打垮共产党”吗？我就要铁心跟共产党走，同反动派斗争到底！为了表达这种坚定的决心，她决定把原名陈燮君改为陈铁军。

有一天，谭天度得知陈铁军被打伤后特意来看望她。在校园散步时，谭天度为了调节陈铁军的情绪，便指着月亮说：“你看月色多好啊，古人讲花好月圆人寿……”谭天度话未说完，陈铁军打断老师的话说：“什么‘花好月圆人寿’，花残月缺人亡是真，这才是今天社会现实的写照。”接着，她告诉老师说：“我改名铁军了。”老师问她为什么改名，陈铁军愤愤地说：“本来我也没有想到改名的。但那些‘士的党’不讲道理，经常捣乱，拿棍子打人。”她指着脸上的伤痕说：“你看，打得我好厉害呀！他们以为这样打我，我就会害怕，不敢出来活动，想打倒我。但我决不屈服，要和他们斗争到底，所以，我改名叫铁军。”

改名陈铁军，表达了她在中国共产党领导下把反帝反封建斗争进行到底的信念和决心。这个名字，寄托了她救国救民的崇高理想，宣示了她随时准备为革命牺牲一切的坚定意志。在她的影响下，妹妹也把名字从陈燮元改为陈铁儿。姐妹俩义无反顾地走上了一条为通往人类理想社会而奋斗的光明之路。

经过严格的考验和锻炼，陈铁军更加成熟起来，成为一个坚定的共产主义战士。1926 年 4 月，由区梦觉介绍，中共广东大学文、理学院总支书记签批，陈铁军光荣地加入了中国共产党。从此，陈铁军把一生交给了党。

就在陈铁军挣脱牢笼、沐浴春风，在革命道路上大步前进的同时，周文雍也在追求真理的道路上不断前行。

周文雍考入的省立“甲工”学校，是一所富

有革命传统的学校。五四运动期间，广州学生运动的领袖阮啸仙、刘尔崧、周其鉴、张善铭等，就是“甲工”学校第一、二届的学生。周文雍是第三届学生。入学之初，为了争取优秀成绩，他一心攻读功课，很少参加其他活动。但是，红色“甲工”的革命风暴，很快就使他投入革命洪流中。

“甲工”第一届学生、社会主义青年团员阮啸仙、刘尔崧、周其鉴等同学就要毕业了。在校期间，他们组织进步团体，宣传马克思主义，油印了《共产主义 ABC》《阶级斗争浅说》等书籍，订阅搜集了《向导》等刊物，离校时他们把这些书刊送给了母校。周文雍如饥似渴地阅读这些书刊，逐渐懂得了这样的道理：要消灭人剥削人、人压迫人的不合理现象，使大家有饭吃，有书读，有工做，有田耕，过幸福的日子，就必须消灭这个人吃人的社会制度，推翻压在人民头上的帝国主义和封建主义的统治。

周文雍还积极给《“甲工”校友专刊》投稿。这本刊物是“甲工”前两届学生为推动校内外革命活动创办的。周文雍用激昂的文字表达自己的革命抱负。“甲工”的社会主义青年团组织发现周文雍是个有理想的青年，加强对他进行培养教育。周文雍也积极靠拢团组织，思想觉悟提高很快，于1923年5月加入了社会主义青年团。不久，他又担任“甲工”的团支部书记，在革命道路上迈出了具有重要意义的坚实一步。

1923年10月，周文雍以青年代表身份参加阮啸仙组织的以社会主义青年团员和新学生社社员为核心的青年慰劳队，赴石龙镇前线慰劳反击军阀陈炯明的军队。当慰劳队到达石龙铁桥时，突然遇到敌人机枪的火力封锁。周文雍带领大家机智勇敢地冲过铁桥，进入石龙镇，还夺得敌军一挺机关枪。这次慰劳活动，给前线将士以很大鼓舞，周文雍也经受了锻炼。

周文雍在校内外积极从事革命活动，得到同学们的信任和拥护。1924年春，他被选为“甲工”学生会主席，并被推选为广州学生联合会文书部副主任。当广州各界举行追悼列宁逝世、纪念二七惨案一周年、反对帝国主义经济掠夺的收回关余运动、援助广东公医医科大学择师运动和发起组织广州各界非基督教大同盟、反对帝国主义文化侵略等活动时，周文雍带领广州学联文书部同学积极承担起草宣言、通电和印发传单等工作，还组织编辑《会刊》，夜以继日地进行宣传鼓动。他们的出色工作，受到同学们和社会各界的好评。在1924年10月5日召开的社会主义青年团粤区代表会议上，周文雍和杨石魂、刘尔崧等7人被选为团的粤区执行委员会委员。

周文雍在参与领导学生运动的同时，还积极投身工人运动。1924年秋，他协助杨石魂主持手车夫工会的工作。手车夫日夜奔波，收入微薄，过着吃无定着、宿无定所的悲惨生活。周文雍十分同情他们的境遇，认为要把这个行业的工友们组织起来，必须设法帮助他们改善居住条件。于是，他和杨石魂找工会骨干一起商量，提议发动手车夫有钱出钱，有力出力，互助互济，修建工人宿舍，得到大家的拥护和支持。没用多长时间，就建造了一批住房，使100多名手车夫有了住的地方。通过这件事，工友们深深感到共产党领导的工会，确实是为工人谋利益的组织。此后，他们更积极地参加工

会活动，使手车夫工会成为广州工人队伍中一支坚强的革命力量。周文雍还被派到沙面洋务工会担任领导职务。7月，他参与领导了洋务工人反对英、法帝国主义者施行侮辱中国人的《新警律》的罢工斗争。同时，周文雍等组织广州工农兵各团体发表宣言，慰问和支援洋务工人，一些学生进行了募捐活动。这次罢工坚持40多天，最终取得胜利，迫使沙面当局取消了《新警律》。

周文雍参加的社会活动越来越多，但并没有影响他的学习。他一直严格要求自己，有时因开会或工作缺课了，他总是想方设法请老师或同学补课。因此，他的学习成绩优良，深得老师和同学的赞扬。

“甲工”的校长萧冠英是一个顽固守旧分子。他谎称学生要守法，实际上是要压制校内的革命运动。周文雍团结进步师生与他展开针锋相对的斗争。1925年夏，广州举行选举市长活动，但被一些反动政客操纵。周文雍在群众集会上演讲，在刊物上发表文章，揭露这场丑剧内幕，触怒了萧冠英。学校在这年暑假贴出告示，以参加社会活动过多，旷课严重，无心向学为理由，开除了周文雍的学籍。

周文雍离开“甲工”后，组织上安排他到新学生社工作。新学生社是社会主义青年团两广区委员会成立后，在广州建立的团的外围组织，有社员五六千人，遍布粤桂闽三省各地，阮啸仙任执行委员会书记，社址与团的两广区委一起。周文雍到新学生社后，与阮啸仙、刘尔崧等住在一起。其间，周文雍团结带领广大青年学生积极参加各项政治活动，为推动全市青年学生投身革命斗争做了大量工作。

当时，中共广东区委的谭平山、彭湃、杨殷、谭植棠等经常到新学生社来，周文雍得以与他们相识。年轻的共产党员阮啸仙同周文雍朝夕相处，对他的成长进步起了很大作用。在党组织的培养教育下，周文雍成长为坚定的共产主义战士。1925 年春，周文雍光荣加入中国共产党。从此，他把自己的一切献给了共产主义事业。

04 激流勇进，革命斗争显身手

周文雍入党后，以主要精力从事工人运动，并继续从事青年运动。他被选为党的区委工委委员，社会主义青年团广州地委委员、学生部主任，广东区委委员等，并担任新学生社团组织的领导工作。为了大力开展群众工作，青年团和新学生社发起平民教育运动，在广州办起三四十所平民夜校，吸收青年工人、工人子弟和贫苦失学的青少年参加学习。针对青年的特点，新学生社组织剧社，通过演出新剧开展宣传活动。周文雍带头参加剧社的排练演出，经常带领剧社到中央公园、西瓜园、广东大学礼堂去演出，受到群众的欢迎。周文雍还积极为新学生社办的《新学生社半月刊》撰写文章，并参与编辑工作。

1925年3月12日，从广州北上的孙中山因患肝癌医治无效，在北京逝世，终年59岁。消息传到广州，周文雍在《新学生社半月刊》上发表文章，赞扬孙中山的功绩，号召大家继承孙中山的遗志，坚持联俄、联共、扶助农工三大政策，把反帝反封建的斗争进行到底。

不久，一场新的革命风暴像火山一般爆发了。

1925年5月间，上海爆发工人反对日本资方无理开除工人的罢工。5月15日，上海内外棉七厂的日本资本家枪杀带领工人冲进工厂要求复工的共产党员顾正红。5月28日，中共中央和上海党组织一起召开紧急会议，决定发动学生和工人在30日到租界内举行大规模的反帝示威活动。5月30日，上海工人和学生举行援助纱厂工人的街头宣传和示威游行，租界的英国巡捕在南京路上突然开枪，打死学生、工人13人，伤者不计其数。这就是震惊全国的五卅惨案。

五卅惨案激起全上海以至全中国人民的极大愤怒，全国各地约有1700万人直接参加了运动，反对帝国主义的民族革命浪潮以不可遏制的浩大声势迅速席卷中国大地。五卅运动是中国共产党直接领导的以工人阶级为主力军的群众性反帝爱国运动，标志着轰轰烈烈的大革命高潮的到来。

五卅惨案的消息传到广东和香港，引发了震惊中外的省港大罢工。6月3日，广州各界群众举行声势浩大的示威游行，声援五卅运动。6月19日，香港工人罢工。15天内，参加罢工的人数达到25万人，其中10多万人离开香港回到广州。6月23日，香港罢工工人和广州各界群众10万余人举行大会和示威游行。游行队伍经过沙基时，发生沙面租界英国军警枪杀52人、重伤170人的沙基惨案。惨案发生后，广州革命政府立刻宣布同英国经济绝交，封锁出海口，给罢工以有力支持。香港和沙面工人在广州举行省港罢工工人代表大会，成立由苏兆征任委员长的省港罢工委员会，对香港实行封锁。省港大罢工在全国人民的声援和支持下，坚持了16个月之久，直到1926年10月才结束。它沉重地打击了帝国主义，对巩固广东革命根据地和准备北伐战争也起到了重要作用。

省港大罢工期间，周文雍经受了锻炼。五卅惨案后，他根据党的指示赴香港开展活动，发动工人、学生投入反帝斗争。省港大罢工爆发后，他回到广州，组织发动沙面洋务工人率先加入罢工行列。洋务工人参加罢工后，他们的住宿成了问题。过去，洋务工人一般都住在外国人的领事馆或办事机构内。罢工后，周文雍动员大家以俱乐部为家，解除了罢工工人的后顾之忧。不久，周文雍奉命调到石井兵工厂，协助领导那里的工人运动。石井兵工厂的厂长对工人控制严密，给工人运动设置重重障碍。周文雍等采取多种办法，巩固和扩大兵工厂的工人组织，很快打开了斗争局面。此后，他又被调去主持金属业工会的工作。罢工期间，周文雍还被选为中共广州市委委员、中共广东区委工人运动委员会委员、共青团广东区委经济斗争委员会书记，着重开展统一工会的组织工作。在他的精心组织领导下，广州洋务工人和香港金属业工会组织先后成立，推动了省港工人运动的发展。1926 年年初，周文雍回到新学生社负责团的工作，后又担任共青团广州地委书记。省港大罢工期间，周文雍作为当时广州工人运动领袖刘尔崧的得力助手，以出色的工作赢得了组织的肯定和工人群众的信赖。

周文雍还十分关心农民运动。他利用回乡的机会，宣传广东各地工农运动迅猛发展的大好形势，号召大家组织起来，反对地主豪绅的剥削压迫。在他的启发和推荐下，凤凰村青年周金屏、周寿金进入第三届广州农民运动讲习所学习。

1925 年 8 月 20 日，国民党左派代表人物廖仲恺被国民党右派刺杀于国民党中央党部门外。廖仲恺去世后，中共决定联合国民党左派给右派以坚决回击。第二天，周文雍根据党的指示，召集新学生社社员在广东大学礼堂举行特别大会，强烈谴责国民党右派的罪恶行径，表示要继承廖仲恺的遗志，为贯彻孙中山的三大政策而奋斗。会后，周文雍带领社员列队到国民党中央党部为廖仲恺致哀，并派女社员去慰问廖仲恺夫人何香凝。

1926 年 7 月国民革命军誓师北伐时，周文雍把青年工人组织起来，成立担架队、运输队，在学生中成立宣传队、卫生队，与省港罢工工人一起，给北伐军以有力援助。

在轰轰烈烈的大革命运动中，周文雍先后担任多种领导职务，工作任务十分繁重，经常是夜以继日地埋头苦干。但他始终精神饱满地投入工作，有时忙得连饭也顾不上吃。他的这种战斗不息的革命精神，深深感染和激励着工人和学生们。

就在周文雍忘我工作的时候，陈铁军也在同一座城市，为了共同的革命事业而奋斗着。

陈铁军入党后，被党组织派到工代会做妇女工作，还担任广东妇女解放协会秘书长。1925 年 5 月，她被选为第三届妇女协会执行委员，任常委和副主任。陈铁军认真执行中共中央有关妇女运动的指示，把妇女工作重点放在深入发动群众、巩固革命统一战线、反击国民党右派、支援北伐战争上。为了宣传党的政策，揭露国民党右派的丑恶行径，她参加演讲队、演出队，编演街头话剧，并参加反帝示威游行。

1926 年广东大学改名为中山大学后，陈铁军于同年冬担任中共中山大学文学院支部委员，负责学校的女工工作。1927 年春，陈铁军担任中共两广区委妇委委员，在妇委负责人邓颖超领导下进行工作。她经常到工厂，到工人家中，到省港罢工工人临时住棚间，忙碌的身影经常出现在女工和妇女群众之中。

陈铁军出身富裕人家，来广州后大部分时间在学校学习生活，对底层群众并不了解。起初，她到女工中去既不习惯也不顺利。女工们见她穿着白衣黑裙，留着时髦发式，言谈举止有礼，以为她是“贵小姐”或“少奶奶”，对她不够亲切，也不愿接近。后来，陈铁军听说中共两广区委书记陈延年到手车夫工会做工作时，和工友们一起拉车，工友们热情地称呼他“老陈”。于是，她脱下白衣黑裙，穿上大襟衫、阔脚裤的衣服，梳成劳动妇女的发式，每到女工家就帮忙做家务，扫地、擦桌椅、烧饭、抱小孩，样样脏活累活都抢着干。这样一来，工人群众把她当作自己人，心里的话肯对她说，感情逐渐拉近，对她也亲近起来，称赞她是“贴心姐妹”。通过这样的近距离接触，陈铁军也了解了工人的困难和痛苦。

陈铁军还组织女工们到国民党中央妇女部和

广东妇女解放协会主办的草鞋厂、缝纫厂去打草鞋、缝被服，支援国民革命军北伐。为了解决罢工工人的生活问题，她组织宣传队上街宣传募捐，劝人“义购”红旗。为了解决罢工工人和工人子女学文化的问题，她协助有关方面办起妇女识字班、儿童识字班，并教他们唱《少年先锋队》《国际歌》和宣传国民革命的歌曲。她还在劳工学校、劳工子弟学校担任文化教员，教他们识字学文化，宣传革命道理。

1926 年冬至 1927 年春，中共两广区委妇委根据党中央关于培养妇女运动人才的指示，派陈铁军主持举办了两期广东妇女干部训练班。训练班是在中山大学举办的，每期一个月，训练对象是来自广州和各地的青年妇女，主要是为党在农村开展工作培养妇女工作干部。陈铁军投入很大精力，尽心尽力办好训练班。她认真备课，在课堂上用通俗的语言讲解“没有广大工农妇女参加反帝反封建的国民革命运动，革命就不会成功”的道理，讲解发动农村妇女参加革命斗争的重要性。有一次，她给学员们出了一道题目：“你心里最敬仰的是什么人?”

劳工子弟學

课堂上顿时活跃起来，学员们纷纷各抒己见，有的说最敬仰岳飞和关羽，有的说最敬仰孙中山，有的说最敬仰列宁……陈铁军听后说：“一个革命者应该学习古今中外伟大人物的高尚品质和英雄气概。”她特别介绍了列宁的生平和对世界革命的贡献。这场生动活泼的讨论，给学员们留下了深刻印象。她还向学员们介绍自己做妇女工作的经验，告诉大家要有真正同情农村妇女疾苦的思想感情，随时随地虚心向农村妇女学习，穿着打扮也要大众化。这时，陈铁军为准备到农村去做妇女工作，留起了长发，学员们见她讲课时不太方便，劝她把头发剪短些，她回答说：“不要紧，我要争取到农村工作，剪短头发做农村妇女工作很不方便的。”学员们学习期满要到乡下去工作，她再三叮嘱说：“要关心农民，特别是农村妇女的疾苦，要放下架子和农民交朋友。”这些学员回到农村后，对发动妇女群众参加革命斗争发挥了重要作用。

05 危急关头，患难与共见真情

1927年4月12日，是近代中国历史上最黑暗的一天。这一天，以蒋介石为首的国民党新右派在上海发动反革命政变，大肆屠杀共产党员和革命群众。这就是著名的四一二反革命政变。四一二反革命政变使中国大革命受到严重挫折，成为大革命从胜利走向失败的转折点。经过四一二政变的考验，中国共产党初步积累了反正两方面经验，为领导中国人民把斗争推向新的更高阶段准备了条件。

蒋介石在上海发动反革命政变后，江苏、浙江、安徽、福建、广东、广西等省相继以“清党”为名，大肆搜捕杀害共产党员和革命群众。4月14日，广州的反动派发出拘捕共产党人的命令。

4月15日晨2时起，广州戒严，大屠杀开始。按预定计划，海军、陆军、保安队及警察等包围中华全国总工会广州办事处、省港罢工委员会和苏联顾问住宅等，解除黄埔军官学校和工人纠察队的武装。大屠杀甚为残酷，据统计，广东共产党员和革命群众被杀害2000多人。中共广东区委、省港罢工委员会等领导机关遭到破坏，著名共产党员萧楚女、熊雄、刘尔崧、李森、邓培等不幸被捕或被杀害。

广州四一五反革命政变后，周文雍受到通缉。但他置个人安危于不顾，仍然勇敢而机警地坚持战斗。受党组织的委托，他接替刘尔崧担任广州工人代表大会主席。4月18日，即广州发生反革命大搜捕大屠杀的第三天，周文雍接到中共广东区委的通知，要他参加一个紧急会议。参加这次会议的有留在广州的广东区委领导人穆青、杨殷、冯菊坡、赖先声、吴毅等。会议分析了当前的形势和任务，决定发动群众继续坚持斗争。会议决定成立新的中共广州市委，指定吴毅任书记，周文雍任组织部部长，徐文雅任宣传部部长。周文雍负责联系广州市各工会党支部的工作。

会后，周文雍召集广州工代会所属工会负责人开会，贯彻落实紧急会议精神，制定下一步斗争方案。还以区党委、区团委、联合罢工委员会、省革命工会、广州工代会、省市农民协会、省妇女解放协会、广东新学生总社等名义，发表《反抗国民党反动军阀残暴大屠杀的宣言》，提出“打倒蒋介石和一切新军阀”“释放一切政治犯”“反对摧残工会”等口号。

在严重的白色恐怖下，党和工会的工作由公开转入秘密状态。周文雍遵照党的指示，与其他同志一起，把各工会会员和工人纠察队秘密组织起来，建立广州工人地下武装。参加这些地下武装组织的有数千人，他们武器不多，但组织严密、勇敢顽强。

6 月 19 日，是省港大罢工两周年纪念日。已转入秘密活动的省港罢工委员会在周文雍、罗登贤等组织下，召集 2 万工人举行集会和示威游行。6 月 23 日，广州工代会特别委员会在周文雍主持下，召开有 3 万群众参加的大会，纪念沙基惨案两周年。广东的反动派对这两次集会突然出现十分震惊，立即进行所谓“第二次清党”，包围搜查原省港罢工工人宿舍，捕去工人 200 多名。当周文雍等获知这些工人被捕是由于所谓“改组委员”（当时，广东反动派为了欺骗工人，没有封闭所有的革命工会，而是指定亲信和工贼用“改组委员会”名义，没收工会财物、占领工会会址。“改组委员”都是反动派直接委派的）告发时，组织带领工人秘密武装开展驱逐“改组委员”的斗争，并处死几个作恶多端的“改组委员”。这期间，他还指挥洋务工会和手车夫工会的青年工人武装，先后袭击国民党广州市党部及市党部工人部长的住处，打击了反动派的嚣张气焰。

就在周文雍不惧危险、坚持斗争的同时，陈铁军也历经风险，顽强地坚持战斗。

广州四一五反革命政变发生时，陈铁军毫无准备。4 月 15 日凌晨，陈铁军睡得正香，反动军警突然包围中山大学学生宿舍，大肆搜捕进步学生。学校女工沈卓清是常驻广东妇女解放协会机关的中共党员，她赶紧给陈铁军通风报信。陈铁军坚定沉着，立即乔装打扮，勇敢地攀上大树，翻越墙头，离开学校，脱离了险境。

脱险后，陈铁军想起中共广东区委妇委负责人邓颖超因分娩住在长寿路一家医院里，不知是否转移，心里十分着急。她马上穿上旗袍、戴上耳环，打扮成“贵妇人”模样，沈卓清则装扮成用人，两人急匆匆赶往医院。到医院后，她们巧妙避开门口的岗哨，找到邓颖超住的病房，向邓颖超讲述了广州市内发生的情况，并代表党组织通知邓颖超马上离开广州。在医院院长的掩护下，邓颖超在陈铁军、沈卓清陪同下从医院回到住处，发现该住处已被军警搜查过，侥幸的是军警没有发现周恩来打给邓颖超的要她立即去上海的一封电报，否则就危险了。陈铁军设法买到船票，护送邓颖超躲过沿途军警的搜查，把她送上船。邓颖超离开广州后，顺利抵达香港，安然脱险。对这次虎口脱险，邓颖超念念不忘，认为若不是陈铁军冒着极大风险及时通知并送走她，那后果将是不堪设想的。

广州四一五反革命政变发生后，中共党组织已转入秘密状态。陈铁军一时找不到党组织，心里

廣
州
頭

十分着急。她在工人群众掩护下，时常变换住处，暗中打听同志们的下落，寻找党组织。当她打听到4月15日当天中山大学有40多个同学被捕，教务长鲁迅先生为营救他们据理力争没有结果而愤然辞去所有职务的消息时，敬佩之情在心中油然而生。她还打听到，自己已被学校开除。对此，她早有思想准备，并不在意。她焦急的是找不到党组织，也找不到妹妹陈铁儿，而且自己在经济上也发生了困难。

为了解决经济问题，也为了寻找陈铁儿，陈铁军只好回到家乡佛山。到家后，见到了妹妹，她悬着的心一下子放了下来。姐妹俩为再次见面感到高兴，更为国民党反动派的暴行感到愤慨，表示要回广州同反动派继续斗争。三哥劝说道："你成天搞工会工作，吃不饱，住不安，如果被警察捉去了，连命都没有呀！你要读书，我供你去香港或出洋留学都可以，你要为自己的前途、幸福着想呀！"陈铁军理解三哥的心情，但更坚守自己的选择，于是劝导三哥说："国家不独立，革命未成功，人民无幸福，个人哪里会有幸福？环境险恶，就要斗争，为人民幸福而牺牲，也是个人的幸福。”三哥说不动陈铁军，又去劝说陈铁儿：“你年纪小，又有病，何必这样受苦，你没有姐姐这样露面，在家休养，避过风险再说吧！”陈铁儿听了回答道：“我的路子早就选定了，和姐姐一样，跟着共产党走，革命到底！”姐妹俩的坚定和真情打动了三嫂，当她们返回广州时，三嫂把筹措到的一笔钱给了姐妹俩。

陈铁军回到广州后，隐蔽在工人家中，继续寻找党组织，坚持从事革命活动。她鼓励身边的工人群众要有坚定的信念和顽强的斗志。她说：“共产党员、青年团员在任何时候都不要灰心丧气，在革命受到挫折时，更要保持沉着、冷静，要有和敌人斗争到底的决心。”“要耐心地等待时机，争取有利条件，胜利终有一天会到来的。”为了支持革命工作，她典当变卖自己的衣物接济有困难的同志，还把三嫂给的 200 多元钱作为党的活动费用。

过了不久，陈铁军找到了党组织。中共广东省委通知她转移到香港。到香港后，就在省委机关工作，同区梦觉住在一起。有些时日不见，她们有说不完的话。

很快，陈铁军接到了一个意想不到的重要任务。8 月间，中共广东省委决定派陈铁军回广州，协助广州工人代表大会主席、广州市委工委书记周文雍，以“夫妻”名义开展工作，建立秘密机关，积聚革命力量，准备以暴动反抗国民党反动派的屠杀政策。接到这项任务，陈铁军的心情是复杂的。在接下来的工作中，自己将要同一个并不熟悉的领导假扮夫妻，心里总觉得既新鲜又无所适从。也许早就听说过他，也许在中山大学礼堂的集会上见到过他，也许在沙基的游行队中看到过他的身影，而今后要天天跟他在一起“过日子”了。她又想到，这是革命斗争需要，不论有什么困难，自己一定竭尽全力协助这位领导做好工作，完成好党交给的任务。

陈铁军回到广州后，与周文雍一起以夫妻名义在拱日路租了一间房子，建立起党的秘密机关。陈铁儿也住在这里，做他们的助手。

秘密机关建立后，周文雍和陈铁军深入工厂，走家串户，教育工人团结起来继续战斗，不要被反动派的气势汹汹所吓倒。经过一段时间工作，一些工会组织逐步恢复起来。周文雍多次召集工会骨干开会，传达省委、市委关于组织工人抗议反动派屠杀暴行、建立地下武装准备暴动的决定，引导各行各业工人群众行动起来开展斗争。在周文雍和各工会骨干成员的努力下，印刷工人举行罢工，把“改组委员”驱逐出工会，煤油业工人组织起来袭击被反动派改组的“工会”，五金工人、洋务工人、运输工人也都行动起来，赶走或处死派进工会的“改组委员”，工会大权重新回到工人手中。

陈铁军协助周文雍把失散的革命同志聚拢起来，恢复组织，开展活动。她不辞辛劳，不怕危险，化装成各种不同身份的人走街串巷，很快建立起党的秘密联络点和交通线。为了适应秘密斗争的需要，她协助周文雍把广州工人代表大会原来的下属组织重新划分为6个区，组成秘密的区委员会，领导工人开展斗争。她还经常探望牺牲同志的亲属，帮助他们解决困难，鼓励他们坚持斗争。

1927年9月间，反动军阀张发奎从江西率余部回到广东。他为了夺取桂系军阀在广东的地盘，暂时缓和了对工人群众的压迫，企图骗取工人的好感和支持。根据这种新的情况，周文雍根据党的决定，将广州工人代表大会特别委员会和省港罢工委员会的活动由秘密转为公开，重新打出旗号，以鼓舞工人群众的斗志。10月17日，周文雍主持召开有100多个工会组织代表参加的广州工人代表大会，决议向政府提出释放一切政治犯、保证工会与农会的自由等5项要求，并决定10月24日举行总罢工。

张发奎得知工人将举行总罢工，立即撕下假革命的面具。10月19日，他派军警逮捕海员工会委员45人、省港罢工委员会委员30人，强行解散保留下来的由400名省港罢工工人组成的纠察队。他还在全市重要地点加岗加哨，到处张贴禁止罢工的“公告”，并派军警日夜戒严、搜查行人。广州再一次笼罩在白色恐怖之中。

面对新的情况，周文雍等决定改变总罢工计划和斗争策略。他们组织一支约1000人的工人队伍，分成100个小组，每组10个人，隐蔽分布在城内各处，不动声色，给反动军警一个“罢工已经取消”的错觉，迷惑了敌人。10月23日，反动军警没有任何防范。深夜两点钟，周文雍按照预定计划，一声令下，1000名工人立即从100个地方涌上街头，汇成队伍，散发传单，高呼口号，游行示威。反动军警此时才大吃一惊，不知所措。这次机智灵活的斗争，在广州工人中影响很大。

正在这个时候，汪精卫和陈公博等来到广州，准备把张发奎再打扮成“国民党新左派”，鼓吹民主、自由，借以笼络人心，欺骗群众。省委、市委决定彻底揭露汪精卫、陈公博和张发奎等人的假左派真右派伪装，并把这个任务交给周文雍。

为了揭穿汪、陈、张的假面目，提高工人群众觉悟，陈铁军也带领妇女行动起来。陈铁军等在东皋大道广场召开妇女群众大会。陈铁军在会上痛斥广州四一五反革命政变以来反动派制造白色恐怖的累累罪行，号召群众坚持斗争。突然，特务分子冲进会场，把大会主席拉到场外殴打致死。陈铁军乘会场秩序大乱，在工人群众掩护下离开会场脱险。

11月1日，周文雍按照省委、市委指示，把在四一五反革命政变时被驱逐的2000名铁路工人和被裁撤的500名火柴工人组织起来，带领他们到东山葵园汪精卫公馆喊口号、请愿。请愿队伍提出释放政治犯、恢复工人工作和工会活动等要求，叫汪精卫出来当面回答。汪精卫躲在屋里不敢出来。周文雍抓住这个机会，以广州工人代表会特别委员会主席身份发表演说，当众揭露汪精卫所标榜的民主、自由完全是伪装，是为争权夺利而施展的阴谋。最后，周文雍带领请愿队伍高呼“打倒新军阀”等口号，走上街头，举行示威游行。

这时，汪精卫、张发奎正调集军警，准备围捕游行队伍中的工人骨干。中共广东省委肃反委员会负责人杨殷得到消息，当即命令陈铁军等马上赶去通知周文雍设法掩护群众撤退。但是，反动军警抢先了一步。他们在东皋大道口围住游行队伍，大打出手。周文雍为掩护群众撤退，受了重伤。当撤退群众接近文德路口时，又被迎面开来的大批军警截住。工人与军警发生激烈搏斗，周文雍再度负伤，与30多名工人一起不幸被捕。

周文雍被捕时，并未暴露真实身份。此时，中共广东省委正按照中共中央关于准备暴动的指示，积极准备在广州举行起义。周文雍是起义的组织者之一，他的被捕对起义准备工作影响很大，于是，党组织决定营救周文雍。由于敌人监狱戒备森严，强行劫狱十分困难，省委指示只能智取，不能硬拼。省委选派梁桂华、沈青和陈铁军等组成营救小组，由杨殷负责。营救小组首先派人通过监狱看守了解周文雍被关押的情况，得知他受刑很重，狱中看管很严，劫狱很难奏效。经过仔细研究，制定了第一步设法让周文雍监外就医，第二步再从医院脱险的营救方案。这个营救方案秘密传进监狱后，周文雍立即采取措施，积极配合行动。

按照营救方案，第一步，陈铁军通过党组织选派一名洋务工人冒充周文雍的家属，每天去监狱探视送饭，把用生姜、辣椒等煎炒的食物送给他吃，并让他不喝水。由于负伤、受刑，加上吃进这些辛辣食物，几天后周文雍便装成发高烧的重病状态，不停地高声呻吟，甚至发狂地喊叫、说“胡话”。同狱的难友们乘机向监狱当局提出，周文雍患的是伤寒病，会传染大家，我们都要陪死。一天监狱长来巡查，周文雍正在咳嗽气喘，狱友们纷纷提出抗议，要求立即把这个危重病人送医院治疗。与此同时，陈铁军通过关系认识并争取了监狱一位医生，请他设法让周文雍到公立医院就医。这位狱医在给周文雍看病时，证明他确实患有严重传染病，必须立即住院治疗。监狱长迫于公愤难平，又怕传染病蔓延难负责任，只好同意把周文雍送进广州市公立医院犯人留医处医治。为防止意外，敌人在医院大门口特设一个警哨，日夜监视。

第一步营救计划实现后，营救小组立即按照预定方案实施第二步营救计划。周文雍入院当天，营救小组便派一名汽车司机去犯人留医处打探情况。这位司机通过与医院救护车司机交谈，了解医院的情况，并进入医院与周文雍约好信号，以便配合行动。在做好准备后，营救小组选择一天中午实施营救行动。他们选派一名可靠的司机驾驶一辆已卸掉车牌的小汽车停在医院大门前的马路边，车不熄火，司机不离座，等待执行任务。同时，在医院内外布置革命群众准备接应。中午 12 时，医院大门口的警卫正在换班，突然，大街上响起鞭炮声，说时迟那时快，一位扮作探望病人模样的同志迅速地缴了哨兵的枪。预先埋伏在医院的同志闻声而动，立即冲进病房，用白布被单把周文雍裹起来，由一位同志背起来飞快冲出医院大门，坐上了停在医院门口的无牌小汽车。司机驾车从永汉路向东经过红花岗直奔沙河，抵达党的秘密联络点。见到周文雍，同志们都欢欣鼓舞、兴高采烈。

周文雍被抢出医院后，敌人发现情况有异，派军警追上街去，只见街头巷尾鞭炮残屑满地，挤满看热闹的人群。第二天，广州和香港的私营报纸在头版头条报道："无牌小汽车，劫走共党周文雍。"一时间，共产党英勇机智劫走周文雍的传奇故事传遍南粤大地。

周文雍被救出后，按照党的指示，继续与陈铁军假扮夫妻，在广州设立秘密机关，做党的地下工作。周文雍不顾伤痛，以惊人毅力投入紧张的工作中。周文雍对革命事业的忠贞不渝、革命斗争中表现出来的智勇双全和忘我工作精神，深深吸引着陈铁军，让她对这个比自己小一岁的"领导"和穷

学生出身的“丈夫”刮目相看，渐渐地萌生了感情。陈铁军于紧张繁忙工作之外，细心照料周文雍，让周文雍深受感动，心中充满温情。特别是经过这次生与死的考验，两个人更加相依相靠、心心相印。患难见真情。对党的忠诚，对人民的热爱，工作中互相帮助，斗争中生死与共，把两个年轻人紧紧联系在一起。但在严酷的现实面前，为了革命事业，他们只好把那份真挚而美好的深情埋藏在心底，始终保持着纯洁的同志关系。

06 广州起义，冲锋陷阵真英雄

周文雍在陈铁军姐妹的协助下，带着伤病，夜以继日地为在广州举行起义秘密做着准备。

广州起义是按照中共中央的部署进行的。此前，为了总结大革命失败的经验教训，纠正陈独秀右倾机会主义错误，确定党在新时期的斗争方针和任务，在共产国际帮助下，1927年8月7日，中共中央在汉口召开了紧急会议，史称“八七会议”。出席会议的有部分中央委员、候补中央委员以及中央机关、共青团中央、地方代表共21人。共产国际驻中国代表罗明纳兹等参加会议，会议由瞿秋白、李维汉主持。八七会议是在中国革命的危急关头召开的，会议正式确定了实行土地革命和武装起义的方针，指明了今后革命斗争的正确方向，从而使全党没有在白色恐怖面前惊慌失措，为挽救党挽救革命作出了巨大贡献。中国革命从此开始由大革命失败到土地革命战争兴起的历史性转变。按照八七会议精神，在此前后，党发动和领导了南昌起义、秋收起义等一系列武装起义，掀起了土地革命战争的风暴。

根据八七会议精神，中共中央指示广东省委发动武装起义，建立工农民主政权。1927 年 11 月 17 日，中共中央作出《对广东目前政治任务决议案》，要求“广东省委发表宣言，号召全省工农暴动，建立工农兵贫民代表会议政权”。11 月 26 日，张太雷从香港返回广州，秘密召开广东省委部分常委参加的会议，“讨论广州暴动问题，决定立即暴动”，并研究了起义的准备工作。同一天，由张太雷、黄平、周文雍组成的革命军事委员会成立，作为起义的指挥部。11 月 28 日，广东省委发表《中国共产党广东省委号召暴动宣言》。

按照广东省委的决定，广州起义的准备工作有条不紊地进行着。12 月 6 日，中共广东省委在张太雷主持下召开紧急会议，讨论通过起义的政纲、宣言、告民众书等文件，研究起义力量的部署和军事行动计划，决定苏维埃政府的人事安排。会议决定于 12 月 12 日举行起义。随后又成立了起义军总指挥部和参谋部。指挥部任命叶挺为起义军事总指挥，叶剑英为副总指挥，徐光英为参谋长。此时担任广州市委工委书记的周文雍被选为起义政纲起草委员会委员，在省委书记张太雷直接领导下，参与起草起义的政纲和口号。由于他对广州工人组织的情况比较熟悉，广州起义行动委员会让他担任工人赤卫队总指挥。会后，革命军事委员会成员分头进行准备。

起初，周文雍按照广州市委的决定，把前一个时期分散建立的工人秘密武装统一组织起来，按工作或居住地点编成工人赤卫队，全市 11 个区分别成立 11 个工人赤卫队委员会，受市工人赤卫队委员会统一指挥。但实施以后发现，由于各工会的工人武装组织在秘密条件下不容易集中，以区为单位组织赤卫队很难落实。周文雍等遂改变计划，决定按照地段、结合行业，将全市各赤卫队整编成7个联队。另外还成立由60名汽车司机组成的独立汽车队，由50名铁路和市政工人组成的破坏交通队，由军政机关工作人员和省港罢工工人骨干组成的消息局，由30名罢工工人纠察队组成的红色恐怖队等。这支共有3000人的工人赤卫队编成后，根据周文雍的建议，起义总指挥部派出徐向前、沈青等一批军政人员，担任各联队的联队长和政治指导员，加紧进行军事训练和政治教育。

为了解决武器缺乏的问题，起义总指挥部决定由周文雍负责，依靠工人自己的力量，建立地下兵工厂制造武器。这些地下兵工厂有的设在郊区树林中，有的设在市区商业铺户里，工人们利用简陋的设备，自己动手赶制炸药、手榴弹。周文雍还同省委、市委负责同志到石井兵工厂，动员党员和工会骨干积极想办法，为工人赤卫队多提供武器。石井兵工厂的工人们积极行动，按要求提前3天制造出1000支标枪头，分送到赤卫队员手上。赤卫队员还把四一五反革命政变后埋藏起来的枪支挖出来。由于武器不足，许多赤卫队员搜集大刀、棍棒、长矛、禾叉、短剑、扳手和火药枪充作武器。

在周文雍等组织指挥下，各联队认真进行训练，积极做好起义的准备。

陈铁军在协助周文雍做好工作的同时，以饱满的热情，严谨细致地执行革命军事委员会发出的各项指示和具体任务，为准备起义做了大量工作。她秘密联系工人，印刷和散发宣传鼓动起义的文告和传单。她组织妇女分头购买红布，缝制起义的标志红领带、红袖章、红旗和横额。她还组织人员巧妙地躲过敌人岗哨给起义军运送武器弹药。陈铁军自己也利用女性身份作掩护，担负运送武器的任务。多年后，曾在广州起义中担任工人赤卫队第六联队负责人的徐向前元帅，在回忆录《奔向海陆丰》中回忆了一段往事，从中可以看到陈铁军勇敢、机智、沉着、敏捷的英雄形象。他回忆道："我们开始研究巷战的战斗动作。不多会儿，走进一位年轻的、提着一篮子的女同志。她包着头，只露两眼，一声不响地把菜篮子放到桌上。党代表老陈猛地站起，高兴地说，'武器来了！'这时，那个妇女把盖在篮子上的菜掀掉，露出两支手枪、几个手榴弹。大家早有思想准备，没嫌少。只有一个同志问了一句，‘还能多给一点吗?’‘没有了!’那位女同志说，‘暴动起来以后要多少都有。’说完就走了。”

正当起义准备工作接近尾声的时候，突然出现了新的情况。广州起义原定在1927年12月12日晚发动。但是，由于当时在上海的汪精卫得到风声，策划了一个解除教导团武装、驱逐工人赤卫队、搜查秘密工会、实行全城戒严的破坏起义的行动计划，并派他的妻子陈璧君急忙赶到广州，向张发奎传达布置。张发奎立刻电令第四军军长赶回广州，加紧策划镇压行动。

在这紧急关头，起义总指挥部当机立断，决定将起义的时间提前到12月11日凌晨举行。

12月10日，周文雍在龙藏街太邱书院召开工人赤卫队各级负责人会议，陈铁军和梁桂平、陈郁、沈青等参加会议。会议检查各联队的准备情况，下达各联队的进攻目标，宣布起义标志和当日口令，并推选出10位代表，准备起义后参加广州工农兵代表会议。省委书记、起义总指挥张太雷参加会议并作了动员讲话。

临近起义发动，周文雍和陈铁军的工作更加繁忙紧张起来。他们从早到晚不停地草拟起义政纲和口号，书写横额、标语，印发传单。为保证起义成功，他们还注意做好工人赤卫队的思想政治工作。12月10日工人赤卫队负责人会议结束之后，陈铁军立即奉命秘密赶到警卫团联络工作，晚上又奉命通知工人赤卫队全体干部到白糖桥的糖面工会开会，鼓励同志们坚定必胜信心。此外，陈铁军还认真执行周文雍指派给她的其他任务。驻在长堤八旗会馆的警卫团三营营长因不懂广州话，向周文雍提出要翻译并请示有关驻防的事宜。周文雍派陈铁军去转达他的意见并当翻译，协助三营布防。因为三营士兵多数是在起义前从省港罢工工人中挑选的，他们对周文雍和陈铁军都很熟悉。陈铁军很快就说服了对驻防有不同意见的士兵，协同三营迅速解决从东堤到大沙头一带的布防问题。

12月11日凌晨3时30分，在张太雷和叶挺、恽代英、叶剑英、杨殷、周文雍、聂荣臻、陈郁等领导下，广州革命士兵和工农群众举行的震惊中外的武装起义爆发了。共产国际代表诺伊曼参与对起义的指导。参加起义的有国民革命军第四军教导团全部、警卫团一部和广州工人赤卫队 7 个联队以及市郊部分农民武装。驻在广州市东郊的教导团首先枪毙张发奎派来的特务和反动军官，宣布正式起义。随后各起义部队高举旗帜，按照原定部署，迅猛地奔向市内各个攻击目标。

由 3000 名队员组成的工人赤卫队各联队兵分几路，迅速袭击反动军警驻地和政府机关。周文雍直接指挥的第一联队，从太邱书院冲出后分成两路，形成一把铁钳，把广州公安局夹在中间，预先埋伏在第一公园的第三联队敢死队也直扑公安局。刹那间，公安局周围人头攒动，杀声震天。公安局内的敌人被起义队伍的喊杀声从睡梦中惊醒，一边开出铁甲车抵抗，一边架起两挺机关枪交叉扫射。冲在最前面的赤卫队员中弹倒下，赤卫队的进攻被阻。周文雍为避免牺牲，急忙指挥队员们向明星戏院门前和附近的骑楼底下分散隐蔽。在这紧要关头，叶剑英率领的教导团赶到，用火力压制住顽抗的敌人，并炸毁敌人的铁甲车。赤卫队员很快集中起来，同教导团的士兵一起再次扑向公安局。但是，院子里机关枪喷出阵阵火舌，起义队伍无法接近大门。周文雍指挥一部分敢死队员摸到公安局后墙下，用人骑人的办法攀上围墙，向院子里投掷手榴弹。借着手榴弹爆炸的硝烟，几名队员跃身翻进院子里，打哑了敌人的机关枪，使大门外面的教导团士兵和赤卫队员顺利冲到大门前。与此同时，事先打入敌保安队做内应的同志击毙保安队总队长，用重机关枪从保安队驻地向对面的公安局院内扫射，打得敌人抬不起头。赤卫队员乘势奋勇冲杀，终于砸开紧闭的大门，冲进公安局。敌公安局局长见大势已去，在十几个卫兵保护下翻墙逃命，战斗很快结束。周文雍打开被占领的公安局军械库，把缴获的 3000 多支枪发给参加起义的工人群众，又继续投入战斗。两小时后，广州大部分地区被起义军占领。

迎着 12 月 11 日的朝霞，起义总指挥部移驻原广州市公安局院内。张太雷等起义领导人陆续来到这里，指挥革命士兵和工农武装继续同残余的国民党反动军队进行战斗。在朝霞辉映下，一面红旗在起义总指挥部楼顶上高高飘扬。周文雍把一幅红布横额挂上大门楼，横额上面是他亲手书写的 7 个大字：“广州苏维埃政府”。广州苏维埃政府在战斗中成立了。

当天早上，周文雍出席张太雷在起义总指挥部主持的苏维埃政府第一次会议。会议颁布维护工农权益的法令，选举政府委员 16 人，通过政府领导人名单，苏兆征任苏维埃政府主席（因病未到职，由张太雷代理）。周文雍被任命为人民劳动委员兼教育部长。

陈铁军看着飘扬的红旗和写有“广州苏维埃政府”的红布横额，心情非常激动。她满怀豪情地站在广州苏维埃政府院内的空地上，把缴获敌人的枪支分发给前来领枪的新战士，还和一些女同志分头组织妇女给起义军送饭，看护受伤的革命士兵和工人，看管俘虏和缴获的物资，散发《广州苏维埃宣言》《纪念死难烈士宣言》《苏维埃政府告民众书》等文告和传单。

广州苏维埃政府决定于 12 月 11 日中午在第一公园门前召开庆祝大会。当各界群众从四面八方来到会场时，传来敌军越过观音山（今越秀山）冲到吉祥路附近的消息。苏维埃政府领导人决定将庆祝大会改在12日中午举行。周文雍等立即指挥起义军和工农群众迎击来犯之敌，把敌人赶到观音山脚下，经激战，打死敌军100多人，其余敌军狼狈逃跑，起义军夺回了观音山。

12月12日中午，工农兵大会如期在西瓜园举行，到会群众达一万人。周文雍和苏维埃政府其他领导人一起登上主席台。张太雷在热烈的掌声中发表讲话。下午2时，群众大会结束后，张太雷从西瓜园返回总指挥部途中，突然遭到一股敌军的袭击，不幸中弹牺牲。

这时，各种反革命势力勾结起来，准备向新生的苏维埃政权疯狂反扑。由于敌我力量对比悬殊，起义军无力坚守广州，担任起义总指挥的叶挺主张趁敌人主力尚未开回广州前将起义部队撤出，这个正确主张遭到诺伊曼反对。12月12日这一天，起义部队在工农群众支援下英勇抗击，守住了多数阵地。到晚上，敌人各路援兵纷纷开来，起义军虽拼死杀敌，但因众寡悬殊，已处于守势。12月13日，情况更加紧急。敌人继续大量增兵，从水上和陆地向起义军疯狂进逼。各路起义军同敌人进行顽强搏斗，终因敌众我寡，起义遭到失败。起义军总指挥部急令剩余部队撤出广州。周文雍带领一支赤卫队与10多倍于己的敌人短兵相接，顽强拼杀，为保卫广州苏维埃政府所在地，不怕牺牲，奋勇死战，直到下午3时，弹尽援绝，遂杀出一条血路，撤离广州。

广州起义失败后，面对白色恐怖陈铁军毫不畏惧。她和妹妹陈铁儿仍坚守党的秘密机关，并迅速掩藏、转移、烧毁有关起义的文件和物品，随时准备为革命献出生命。后来，广东省委命令她们马上撤退到香港，姐妹俩才乔装离开了党的秘密机关。

广州起义是继南昌起义、秋收起义等武装起义之后，中国共产党领导工农民众和革命士兵对国民党反动派屠杀政策的又一次英勇反击，是在城市建立苏维埃政权的一次尝试。实践又一次证明：面对国民党新军阀在中心城市拥有强大武装力量的情况，试图通过城市武装起义或攻占大城市来夺取革命胜利是不可能的。广州起义虽然只存在3天就失败了，但它仍在中国革命史上留下了光辉的一页。

07 刑场婚礼，爱情绝唱颂千秋

广州起义失败后，从广州撤出的起义军余部，一部分转移到农村，与当地农民结合开展斗争；一部分在花县整编为工农革命军第四师，在董朗等率领下经从化、紫金等地前往海丰、陆丰，与工农革命军第二师会合，坚持海陆丰地区的革命斗争；另有部分人员转移到广西右江地区，后来参加了百色起义；还有小股部队撤出广州向北转移时，在韶关附近与朱德、陈毅率领的南昌起义余部会合，后来参加湘南暴动，上了井冈山。

周文雍与一部分起义队伍撤离广州后，到了东江。不久又按照党的指示辗转到达香港。陈铁军奉命撤退到香港后，在广东省委机关驻地见到了周文雍和参加广州起义的一些同志，一颗悬着的心终于放了下来。根据省委的安排，周文雍负责联络和安置撤退到香港的同志。他没有因革命遭到暂时挫折而气馁，而是以更加饱满的热情投入工作，鼓励陈铁军和身边其他的同志坚定信心，坚持斗争。

广州起义失败后，在广州的革命组织遭到严重摧残和破坏，几乎全部陷于瘫痪状态。李立三在香港主持召开广东省委扩大会议，总结分析广州起义的失败原因和经验教训，研究部署下一步工作。大家认为要把广州党的工作重新恢复起来，必须派一个坚强的领导干部回去，恢复党的工作，开展新的斗争。有同志提出：周文雍长期在广州搞工运，熟悉情况，在工人群众中有很高的威信，做秘密工作又很有经验，他回广州比较合适。也有人担心他在广州被捕过，反动军警中不少人认识他，广州起义中他又是领导者之一，目标很大，回去有危险。最后，省委决定派周文雍回广州。周文雍以革命利益为重，勇敢地承担起党交给他的任务。省委同时认为陈铁军做地下工作很有经验，协助周文雍工作很有成绩，所以决定派她重回广州，协助周文雍重建党的秘密机关，开展地下斗争。同时决定，仍由陈铁儿当他们的助手，同驻秘密机关。

陈铁军接受任务后，于1928年年初从香港回到广州。到广州后，陈铁军扮成雍容华贵的"金山少奶奶"，在广州拱日路租了一间洋房住下。不久，周文雍打扮成刚从南洋回来的华侨商人，在海员的掩护下，返回广州。提前回到广州的陈铁军，把周文雍从西濠口码头接到"家"里。这个"家"同以前的"家"一样，实际上是党的秘密机关。周文雍和陈铁军仍然假扮夫妻，妹妹陈铁儿，还有嫂嫂的妹妹李淑媛，跟他们俩住在一起，掩护和帮助他们开展工作。

严重白色恐怖下的广州，反革命势力极为嚣张，革命活动异常艰险。周文雍和陈铁军勇敢、机智、沉着，经常乔装打扮，巧妙避过敌人的耳目，四处寻找失掉联系的同志，重新建立秘密联络点。在安乐坊，他们找到交通员李姐，通过她联络了不少同志。很快，他们就把联络网和交通线重新建立起来了。陈铁军和周文雍经常打扮成巨商夫妇，以打牌作乐为掩护，与党组织的负责同志联系，部署新的战斗。周文雍还化装成苦力工人，到工人居住区找工会骨干，研究如何重新组织工人、继续开展斗争等问题。陈铁军有时扮成女用人，手挽漆花瓮篮子，有时扮成中学生、背着书包，把党的指示和传单、小报等送到各个秘密联络点去。

周文雍和陈铁军开展革命活动时，经常遇到危险，但他们凭着机智勇敢，总能化险为夷。一次，周文雍在玉华坊的联络点召集秘密会议。会议开始之前，在敌公安局搞地下工作的一位同志急匆匆跑来报告说，会议地点已暴露，暗探马上要来捉人。陈铁军从容不迫地撤去信号，和周文雍一起离开玉华坊。来开会的同志不见信号，连忙撤退，使敌人扑了一个空。

根据广东省委的指示，1928 年春节期间要在广州发动一次政治攻势，叫作“春季骚动”。这个攻势的内容是，春节期间，在广州的公共场所、繁华的马路和街道散发革命传单，告诉广州的群众，革命没有完结，号召他们继续斗争。周文雍带领其他同志印发大量传单，宣告广州起义虽然失败了，但革命没有终止，共产党人永远和人民群众在一起，代表着人民的利益，为人民的解放事业在继续战斗。传单最后号召工人阶级和人民群众团结在共产党的周围，将革命进行到底。

为了协助周文雍组织好这次活动，陈铁军积极进行联络和筹款等工作。春节前夕，她和陈铁儿冒着生命危险，扮成贵妇人回到佛山家中。此时，陈家已家道中落，经济上并不富裕。但她们的哥嫂在陈铁军教育和影响下，同情革命，所以，当她们说经济上有困难时，三嫂便把家里的现款和借来的一张银单共约 200 元给了陈铁军。陈铁军姐妹俩在佛山秘密活动了几天，于春节后的大年初二返回广州。临走前，陈铁军来到家中横厅，拨动那只陪伴她成长的风铃，默默地看着，静静地听着，思绪万千……

回到广州的第三天，1928 年 1 月 27 日，农历正月初五，由于叛徒告密，陈铁军在广州荣华西街市委秘密机关驻地被敌人逮捕。敌人围捕时，周文雍外出未归，陈铁儿在陈铁军的帮助下，通过凉台进入楼上邻居家，在邻居掩护下逃走，幸免被捕。（陈铁儿脱险后转移到香港，继续从事革命活动。她在 1928 年写过悼念周文雍和陈铁军的文章，还写过话剧提纲给邓颖超看。1929 年在香港与革命者林素一结婚，次年产下一个男孩。1931 年底与丈夫林素一被港英当局逮捕，随后引渡给国民党。当时陈铁儿怀有身孕。1932 年 3 月在广州的监狱中产下一个女孩。由于狱中环境恶劣，女儿出世 3 天即患上麻疹，陈铁儿也肺病复发。惨无人道的敌人把给陈铁儿吃的药给她女儿服用，毒死了她的女儿。几天后，陈铁儿被枪杀。此前，其丈夫林素一已牺牲。）可是，陈铁军还没来得及摆出“危险讯号”，周文雍回来了，于是同时被敌人逮捕。临行时，警察说：“你们到齐了，局长有请。”话毕便催着上路。陈铁军说：“嘿！你们这些人办事也不是爽快的，还是让我穿件衣服再走吧！”话毕，她穿好衣服，披上大围巾，把房里的东西检查一番，才走出机关。由于他们事先已把秘密机关的文件或收藏或销毁了，敌人反复搜查没有结果，只好作罢。

因为有医院门前“无牌小汽车”的前车之鉴，

反动当局怕周文雍再次被抢救出去，不仅给周文雍加上沉重的脚镣和手铐，用粗大的铁链锁着，而且关进警察局特别监狱的单人牢房，派大批军警日夜监视，把他与陈铁军隔离开来。陈铁军也被关进死牢。

在狱中，周文雍和陈铁军受尽酷刑，但始终坚贞不屈，丝毫不透露党的秘密。敌警察局局长朱晖日亲自提审周文雍，他见周文雍毫不动摇，下令用“放飞机”“坐老虎凳”“插指心”等酷刑逼供。周文雍多次昏厥，始终不吐露半个字。敌人又以死刑相威胁，周文雍大义凛然地说：“死并不能吓倒共产党人，当然，我很想活，因为活着就可以和你们斗争！”敌人见来硬的不行，无法达到目的，又改用高官厚禄和人身自由来诱惑，周文雍严词拒绝，毫不动摇。敌人强迫周文雍写自首书，他接过笔来，淋漓尽致地揭露反动派的滔天罪行。他在监牢的墙壁上写下慷慨激昂的绝命诗：“头可断，肢可折，革命精神不可灭。壮士头颅为党落，好汉身躯为群裂。”周文雍以这首用鲜血和生命写成的诗，表达了对党对人民对革命的无限忠诚，表现了共产党人在手执屠刀的敌人面前宁死不屈的英雄气概。

陈铁军在狱中表现得同周文雍一样坚强不屈。在女监里，敌人用对待周文雍的办法对待陈铁军，但他们从陈铁军那儿得到的，与从周文雍那里得到的是同样的结果。陈铁军受审时面对酷刑折磨和诱降利诱毫不动摇，同样表现了共产党人的坚贞不屈、铮铮铁骨。

敌人费尽心机，没有达到目的，便恼羞成怒，急忙对周文雍和陈铁军进行审判。周文雍在广州名气很大，为掩盖审讯时留下的拷打痕迹，敌人为他脱下血衣换上半旧西装。在法庭上，周文雍抓住机会、慷慨陈词，把敌人的法庭当作宣传革命的讲坛，历数国民党反动派背叛孙中山、反对人民的种种罪行。当敌法官宣布周文雍、陈铁军是共产党，判处死刑时，周文雍怒目而视，昂首挺立。当敌法官问周文雍还有什么要求时，他想到自己与陈铁军假扮夫妻、互相配合、共同斗争中，朝夕相处，彼此相爱，但为了革命事业一直保持纯洁的同志关系，在生命的最后一刻，应该将埋藏心底的爱情公布于众。于是，他提出要与陈铁军一起合照一张照片。

敌人把摄影师带到监狱，在牢房的窗前，周文雍和陈铁军并肩而立，神态自若，大义凛然，拍下了临刑前的两人合影。周文雍和陈铁军这两位优秀的共产党人， 服从革命需要，同住一个机关，名义上是一对夫妻，有着共同的理想和志趣，彼此间情深意切，但他们为了革命利益，顾不上谈私人爱情，一直保持着纯洁的同志关系，没有结婚。当他们要把自己的青春和生命献给党的时候，才拍下一张双人照片，向世人表明他们是一对革命情侣，也向世人表达了对党对人民的忠贞不渝。34 年后的 1962 年，当年就已熟知周文雍和陈铁军爱情故事的周恩来说："正是因为他视死如归，所以他的爱情才是最纯真、最高尚的爱情。"是的，他们的爱情是最纯真、最高尚的。当许多同志在当时的报纸上看到这张照片时，无不为之动容；今天，当我们面对这张照片时，感动之心无不油然而生。

1928 年 2 月 6 日，农历正月十五，这一天是元宵节，敌警察局监狱里却没有丝毫过节的气氛。突然，一群军警闯进来，分头点名周文雍和陈铁军。周文雍和陈铁军知道，行刑的日子到了。他们昂首挺胸，走出牢房，被分别押上手拉车，解赴刑场。两人神态从容，毫无惧色，路过市区时，见群众站在马路两旁观看，便趁机发表演说，放声高呼“打倒国民党反动派”“打倒帝国主义”“中国共产党万岁”，并高唱《国际歌》。反动军警害怕周文雍和陈铁军被劫，异常紧张，如临大敌。他们害怕人民群众接近，沿途五步一岗，十步一哨，戒备森严，在手拉车前面有骑警开路，后面有大批荷枪实弹的警察压阵。尽管如此，沿途市民还是闻声赶来，越聚越多，在通往刑场的路上，形成了一列悲壮的送别队伍。不少人为周文雍和陈铁军的英勇无畏表示敬佩，不少人被他们大无畏的英雄气概感动得热泪盈眶。

在红花岗刑场，周文雍和陈铁军并肩而立，视死如归，浩然正气惊天地泣鬼神。临刑前，陈铁军大声说道：“我们俩过去在一块工作，一直没有结婚，现在我们要宣布举行婚礼。”她还把一条围巾披在周文雍身上。随着刽子手的罪恶枪声，两

位英雄缓缓倒下，英勇就义。烈士的鲜血染红了衣裳，染红了泥土和绿草……临终不屈的周文雍，在尚未绝气的时候，顽强地抬起头来，用尽全身的气力呼喊道：“同志们，革命到底！”

周文雍牺牲时年仅23岁，陈铁军也只有24岁。他们，用无悔青春和短暂生命诠释了共产党人的壮丽人生。

红花岗，是刑场，是战场，也是周文雍和陈铁军举行婚礼的殿堂。那一刻，夺去他们生命的枪声，顿时化作庆贺他们庄严而高尚婚礼的礼炮。

这场特殊的婚礼，没有华丽的鲜花和彩车，没有祝贺的鞭炮和礼花，有的只是敌人的囚车和刺刀，有的只是反动派的狰狞和枪声，但在已过去90多年的今天，仍然震撼着每个人的心灵。刑场婚礼的故事向天下传扬着挚爱真情，与江河同在；周文雍、陈铁军的英名闪耀着熠熠光芒，与日月同辉。

这是一部充满传奇色彩的人生史记，这是一段惊天地泣鬼神的千古绝唱。一对风华正茂的青年，为了追求真理，为了共同理想，面对反动派的屠刀，面对与爱侣的生离死别，凛然不屈，视死如归。古往今来，正是因为有了这些为了正义和真理，为了国家和人民而从容就义、壮烈赴死的民族脊梁，中华民族才生生不息、繁衍壮大。

“生命诚可贵，爱情价更高。若为自由故，二者皆可抛。”匈牙利著名爱国诗人裴多菲的《自由与爱情》曾经令无数人感动不已。在这首诗中，诗人肯定了人的生命的价值和爱情的重要，更将人的自由和解放置于个人其他利益之上，无论生命抑或爱情。其中，暗含着一个国家、一个民族和所有人民对解放、和平、自由的向往。周文雍和陈铁军牺牲爱情和生命的时候，这首诗还没有翻译介绍到中国，但他们以自己的实际行动诠释了人生的价值，这就是，将国家和民族的利益、人民的自由和解放置于个人利益之上，无论生命抑或爱情。

08 尾声

1949年10月，中国革命胜利了，中华人民共和国成立了。党和人民没有忘记为革命而牺牲的革命先烈。对于周文雍和陈铁军，党和人民也没有忘记。

在为编写这本小册子搜集资料过程中，我找到了一些当年在广州领导革命斗争或参加过广州起义的负责同志的珍贵回忆材料。这些老一辈革命家在新中国成立后，都成为党和国家领导人。从他们的回忆中，我们仿佛看到了当年周文雍和陈铁军的音容笑貌、历史功绩，也充分体会到了老一辈革命家对革命烈士的敬佩之心、思念之情。我想把这些回忆抄录下来，作为这本小册子的结尾，以便我们循着老一辈革命家的思绪，表达作为后来人对革命烈士的敬佩之情、思念之情。

1962年2月17日，周恩来总理在中南海紫光阁接见在京的话剧、歌剧和儿童剧作家时的讲话中，特别讲述了发生在大革命时期广州起义中周文雍和陈铁军悲壮的刑场婚礼的故事，号召作家们把这个故事写成戏，并说这个戏如果写成是很动人的。周恩来还说："田汉同志的《关汉卿》中写了关汉卿希望与朱帘秀'生不同床死同穴'，现在为什么就不能这样写？可能有新的教条，视死如归了，还谈恋爱吗？正是因为他视死如归，所以他的爱情才是最纯真、最高尚的爱情。革命者是有人情的，是革命的人情，为什么不要这样优秀的品质呢？我当时在上海听到这个消息，很感动，就想把它写成一个剧本，但一直没有写成。"

邓颖超同志十分关心周文雍和陈铁军两位烈士的宣传工作。1977年4月，她回忆说："我记得白色恐怖十分凶的广州，当时我正住医院。有一天病房里来了个贵夫人，穿旗袍戴耳环，走到我床前一笑，我才认出是陈铁军，她急着告诉我，'我代表组织来通知你，马上离开广州。'我立即从医院赶回住家，发现屋里被特务搜查过，我马上就撤离了，有件事也真巧，特务搜查时，有份电报是恩来从上海拍来的，要我马上赴上海。这份电报没被特务搜去。”她还说：“他们两人牺牲我记得是1928年春天，我记得当时周文雍已经离开广州，他原是工人领袖，很有名气，很能干。陈铁军是搞学生运动，他们俩经常出头露面，组织群众，身份是公开的，大家都认识他们。”“总理当时是搞军事工作的，与陈铁军接触要少一些。陈铁军有个妹妹叫陈铁儿，大革命失败后，记得她写过一个话剧提纲给我看过。我是通过陈铁儿写的东西，讲到她家的经济情况，我才知道她家较富有，是个有产阶级。铁军是为了劳苦大众，为了革命离开家的，是反封建、反帝国主义走向革命的新女性。陈铁军和周文雍两人感情很好，最后赴刑场才表示了爱情。”

徐向前元帅对宣传工作也十分重视。1977年9月21日，徐帅在接见电影《刑场上的婚礼》剧组人员时说：“你们要把周文雍、陈铁军烈士写成戏，很好嘛，很有意义的事，我支持。广州起义前夕，我带领第六联队等候起义的命令。我们那个联队只有30多人，都是扛大刀片和梭镖，就我有一支驳壳枪。记得起义前夕，一个妇女打扮成送菜的，她用布包住嘴，脸上只露两只大眼睛，她把菜挑进门，拿开菜筐上的东西，从下面摸出两条长枪（此处疑有误，应为手枪或短枪——作者注）和几个手榴弹，这真是太及时了，有了家伙才好消灭敌人，当时因为情况紧急，来不及和送菜人多说几句话，后来工人们告诉我才知道送菜的就是陈铁军，她是经常在市面上组织群众的女英雄。我也是第一次见到她。我主要是抓武装，她送来的枪和手榴弹，在起义时十分有用，给了我们很大帮忙，至今我还记得她那双大眼睛。”

聂荣臻元帅多次同电影《刑场上的婚礼》剧组人员谈话。聂荣臻元帅不仅经历了广州起义全过程，而且在张太雷牺牲后负责军委工作，与周文雍很熟悉。聂帅在谈话中谈到周文雍时说：“周文雍在广州名气很大，他是公开身份的，谁都认识他。广州起义失败后，李立三坚持派周文雍回广州，我是不同意的，但周文雍态度很好，他表示服从组织决定，他这个人组织观念很强，是工人领袖，很能干。当天晚上在香港的机关石阶上，我与周文雍坐在一起畅谈到天亮，我要他多加小心，没想到这次长谈成了我们最后的诀别。”聂帅赞扬陈铁军说：“陈铁军是个了不起的女性，这样的女同志是不多见的，她斗争很勇敢，不怕死。被敌人抓去之后又很顽强，到了刑场她又表示了爱情，这样的女同志是没有见过的，是很了不起的。”聂帅回忆了他当时接触到的周文雍和陈铁军在刑场举行婚礼的情况，说：“记得当时报纸报道时写了陈铁军一段话，大意是，‘我们俩过去在一块工作，一直没有结婚，现在我们要宣布婚礼。’还把一条围巾披在周文雍身上。这段话当时被各报都登了，感动了许多人。”聂帅在谈到周文雍和陈铁军的爱情时说：“那时白色恐怖很厉害，革命处在低潮。陈铁军与周文雍他们是志同道合的共产党员，他们有共同的理想，在这个基础上酝酿了爱情。”聂帅回忆他听到周文雍和陈铁军牺牲的消息后的情况说：“广州起义失败后，我在香港报纸上看到他们两人被杀的事情，报纸上还有他们俩赴刑前的合影照片。我把照片剪下来，照片上还有文字，说他们临刑前还要结婚。照片我藏在身上，一直到长征路上，因天天打仗到处奔走，最后才丢失。但我一直没有忘记这件事。”“他们两人牺牲后，是我从香港到上海后告诉恩来和邓颖超的，他们知道后十分感动。邓颖超流泪了，邓颖超与陈铁军感情比较深，很熟悉。”聂帅还说：“你们要把它写出来，这事很有教育意义，可以教育年轻人，什么是爱情？什么是革命？”

什么是爱情？什么是革命？老一辈革命家叙说的故事作了回答，周文雍和陈铁军烈士用自己的实际行动作了回答。让我们追寻他们的动人故事，感受他们的伟大人格，品味他们的忠贞不渝，学习他们的高尚情操，认真思考我们后来人应该做什么、应该怎么做。

先烈开道为后人，后人继业慰忠魂。让革命先烈的英雄事迹激励我们披荆斩棘、开拓前进，在共筑中华民族伟大复兴中国梦的征程上，开创更加美好的光明未来，书写更加绚丽的精彩华章。

图书在版编目（CIP）数据

周文雍和陈铁军 / 张树军主编；黄萍编著. --北京：学习出版社，2019.5（2021.5 重印）

（中华先烈人物故事汇）

ISBN 978-7-5147-0919-3

Ⅰ.①周…　Ⅱ.①张…　②黄…　Ⅲ.①周文雍（1905-1928）—传记②陈铁军（1904-1928）—传记　Ⅳ.①K827=6

中国版本图书馆CIP数据核字（2019）第091165号

周文雍和陈铁军

Zhōu Wényōng hé Chén Tiějūn

主编/张树军　副主编/王相坤　编著/黄　萍

责任编辑：宋　飞　　封面绘画：邵家声
技术编辑：胡　啸　　内文插图：桑麟康
美术编辑：杨　洪　　组织绘图：上海志愿文化公司

出版发行：学习出版社
北京市东城区崇外大街11号新成文化大厦B座11层（100062）
010-66063020　010-66061634　010-66061646
网　　址：http://www.xuexiph.cn
经　　销：新华书店
印　　刷：北京盛通印刷股份有限公司

开　　本：787毫米×1092毫米　1/32
印　　张：3.5
字　　数：49千字
版次印次：2019年5月第1版　2021年5月第12次印刷

书　　号：ISBN 978-7-5147-0919-3
定　　价：14.00元